基于语料库的
词根词缀习得问题研究
—后缀篇—

陈玉珍　姚鸿琨　著

中国纺织出版社有限公司

图书在版编目 (CIP) 数据

基于语料库的词根词缀习得问题研究. 后缀篇 / 陈玉珍，姚鸿琨著 . -- 北京：中国纺织出版社有限公司，2022.12

ISBN 978-7-5229-0113-8

Ⅰ . ①基… Ⅱ . ①陈… ②姚… Ⅲ . ①英语—词根—语言学习—研究②英语—词缀—语言学习—研究 Ⅳ . ① H314.1

中国版本图书馆 CIP 数据核字（2022）第 224427 号

策划编辑：郭　婷　　责任校对：江思飞
责任设计：晏子茹　　责任印制：储志伟

中国纺织出版社有限公司出版发行
地址：北京市朝阳区百子湾东里 A407 号楼　邮政编码：100124
销售电话：010—67004422　传真：010—87155801
http://www.c-textilep.com
中国纺织出版社天猫旗舰店
官方微博 http://weibo.com/2119887771
天津千鹤文化传播有限公司印刷　各地新华书店经销
2022 年 12 月第 1 版第 1 次印刷
开本：710×1000　1/16　印张：17.5
字数：280 千字　定价：68.00 元

凡购本书，如有缺页、倒页、脱页，由本社图书营销中心调换

序　言

    本书是国家社科基金项目（13BYY150）的结题成果之一，主要讨论后缀习得问题，共由十一章组成。

    第一章把从《英语专业四、八级词汇表》（以下简称《词汇表》）提取出来的101 个后缀与 Brown(1976) 14 个主导词（master word）所含的后缀进行比较，证明我们所提供的后缀汇总表的有效性，并提出选择常用后缀的两条标准——能产性强和使用频率高。

    第二章论及多后缀问题。基于姚鸿琨（2021）的研究，总结出 7 种常见的多后缀构词方式。以常用后缀 –ion,–ate 和 –al 为例研究多后缀构词的 3 个核心问题。研究发现，多个后缀在构词中所处的位置主要取决于后缀的语法属性，后缀在构词中的位置决定了它对后缀变体的选择。

    第三章指出后缀词素在构词过程中会出现构成词的"语义分工"现象。像动词 sing 要变成施事者即 singer，直接在动词后面加 –er，动词与其后缀派生词在语义上是不重复的或不重叠的，因此其构成词就可以存在；但是 cook 为动词时，在其后面加上 –er 变成 cooker，此时 cooker 不能成为施事者，即"厨师"，因为"厨师"之义的语义槽早已被 cook 所占，因此 cooker 只能选择"炊具"之义，"语义分工"现象就出现了。

    第四章探讨后缀词素与形态阻遏的问题，即符号阻遏 (token blocking) 与类阻遏 (type blocking)。如业已存在的 glory 对根据构词规则而生成的 gloriosity 所产生的阻遏称为符号阻遏。类阻遏是指一个词缀阻止另一词缀的使用，如形容词 aggressive 变成名词是直接在其后面加后缀 –ness 生成了 aggressiveness。但是形容词 captive 要变成名词是在其后面加后缀 –ity 生成了 captivity。–ity 阻遏了其同义且"对立"的 –ness 参与 captive 名词构建，类阻遏就产生了。

    第五章至第七章旨在探讨英语单词形态意识的培养问题，这涉及本课题研究成果的实际应用。首先简单介绍了与派生形态学有关的三种基本知识，即关系知识、句法知识和分布知识。我们认为，培养学习者单词形态意识最有效的且最综合的手段之一是教会他们对单词进行解构。接着我们提出了英语单词解构程式。

解构是否正确关键取决于对构词成分的辨别与掌握。最后从 7 个方面讨论如何来培养学习者的英语单词形态意识问题。

第八章介绍《词汇表》收录单词所含的 101 个后缀。根据这些后缀的构词数量，即能产性，对其进行分级，其中 5 级有 17 个，4 级有 18 个，3 级 48 个，2 级有 14 个，1 级 4 个。基于能产性对后缀进行分级，旨在让学习者清楚知道哪些后缀应先学，哪些后学。

第九章提供了 42 个常用后缀所构成的单词，并根据构成词的使用频率从高到低进行排序，让学习者一目了然，哪些是高频词，哪些是低频词。本章对所有构成词进行解构，旨在让学习者通过已知的高频词去掌握词根、前缀与后缀，以逐渐培养学习者单词形态意识和单词解构能力。

第十章对 101 个后缀能产性及其构成词的使用频率进行排序对比，发现后缀的能产性与后缀构成词的使用频率不一定成正比，比如能产性排第一的是后缀 –ion, 而其构成词 (national) 使用频率位居第八。本章还提供每个后缀使用频率最高的构成词，而这些高频词均为学习者所熟知，以期实现"从已知去学未知"的设想，不但可减轻学习者的记忆负担而且有助于提高单词学习效率。

第十一章提供了 55 个常用前缀，并对其进行能产等级划分，3 级及以上占 40 个，这些应是学习者先掌握的。本章还涉及前缀的变体问题，旨在帮助学习者在学习单词时能知其然，也能知其所以然。前缀 com- 在：辅音字母 l 前面变成 col–，如 collect；前缀 com- 在辅音字母 r 前面变成 cor–，如 correct。借助变体现象，我们就不难发现一个字母重复处，就是两个构词成分的边界（boundary），解构就变容易了，如 col–, lect; cor–, rect。有了前几章的常用后缀，加上本章的常用前缀，学习者就可逐渐去尝试解构单词。

标记使用说明。在本研究中词根词缀前带有星号 (*) 的表示 Brown(1976) 所提及的词根词缀。单词前面带星号 (*) 的表示该词是《词汇表》定为高年级阶段学习的单词。前缀是在词素后面加 –，如 pre–；后缀是在词素前加 –，如 –ion；词根不加 –，如 vis; 中缀标记如 –i–。

著者

2022 年 9 月

目 录

第一部分

第一章　后缀的能产性

我们从《词汇表》所收录的单词中分解出 120 个后缀，这些后缀构词量达 5756 个。按照一个词族对应四个单词的原则，我们保留 120 个中的 101 个后缀，构词总量是 5711 个。

Brown(1976) 的 14 个主导词所含的后缀只有 4 个，它们是 –ed, –ent, –ion (–tion,–ition,–ation), –ate(兰天，2000)。本书的后缀汇总表是按照构词能力由高到低进行排序的。Brown 的这 4 个后缀分别处在汇总表中的第一位、第二位、第九位和第十六位。这表明我们后缀汇总表的有效性，与此同时，也证明了 Brown 常用后缀的不完整性，因为从第一位到第十六位就算为最常用的后缀，Brown 至少少列了 12 个常用后缀，也许是因为当时条件限制导致其所收录的 14 个主导词对词缀的覆盖面不够大。

根据本书研究显示，排在构词能力第一位的 –ion 及其变体在后缀构词使用频率排名变成了第八位，而构词能力在第三位的 –al 其构词使用频率却位居第一。鉴于此，我们认为提供给学习者的常用后缀必须是能产性强且使用频率高的后缀，这有助于对后缀的习得。

第二章　多后缀问题

根据词根构词方式（姚鸿琨，2021），我们发现多后缀的构词方式有 7 种，具 体 是 Root+Infix+2Suffixes（如 visualize），Prefix+Root+2Suffixes（如 evidently），2Prefixes+Root+Infix+2Suffixes（如 individualism），Root+2Suffixes（如 cordially），2 Prefixes + Root+2Suffixes（如 unprecedented），Prefix+Root+3Suffixes（如 transcendentalism），Root+Infix+Root+Suffix+Infix+Suffix（plenipotentiary）等方式。

从上述 7 种构词形式来看，构词方式涉及双后缀的居多，三后缀的相对少。从构词形式的复杂性来看，最后一种较为复杂，在一定程度上影响了对构词的认知、解构与习得。

关于多后缀构词的核心问题是：第一，多个后缀在构词中所处的位置如何？第二，哪些后缀经常结合生成了多后缀的构词？第三，有变体的后缀在实际构词过程中是哪个后缀词素参与构词？如能产性极强的 –ion, 它的变体有 –tion、–ition 及 –ation，在实际构词过程中是家族典型词素成员参与还是非典型词素成员参与呢？

为了回答这些问题，我们以 –ion、–ate 和 –al 这三个后缀为例，它们在《词汇表》收录单词所含的后缀构词汇总表中构词能力排在前三位。含 –ion 的构词 545 个，–ate 的构词 322 个，–al 的构词 316 个，其中前两个属于 Brown 所列 4 个后缀，–al 虽然不是，但构词能力接近 –ate, 因此这三个后缀具有一定的代表性。通过考查它们多后缀的构词以期找到上述三个核心问题的答案或线索。

本书共收录了含有 –ion 的多后缀构词 75 个，–ate 的多后缀构词 53 个，–al 的多后缀构词 122 个。从数量来看，–al 的多后缀构词最多。通过研究这些多后缀构词，我们发现参与构词的后缀组合及分布情况，具体如下表所示。

表　3个代表性后缀与其他后缀在构词中的位置分布及后缀组合情况一览表

序号	-ion与其他后缀组合及所处位置（以下称-ION组合）		-ate与其他后缀组合及所处位置（以下称-ATE组合）		-al与其他后缀组合及所处位置（以下称-AL组合）	
	其他后缀与位置显示	构词数量	其他后缀与位置显示	构词数量	其他后缀与位置显示	构词数量
1	-al:2	26	-ed:2	11	-ion:1	26
2	-ize:1(7)，2(1)	8	-ing:2	7	-ity=-ty:2	21
3	-ary:2	7	-ly:2	5	-ize:2(13),3(1)	14
4	-er:1(2),2(5)	7	-id:1	5	-ly:2	12
5	-ate:2	3	-ion:1	4	-ism:2(8), 3(2)	10
6	-ent:1	3	-ive:1	4	-ist:2(9), 3(1)	10
7	-ic:1	3	-cle:1	3	-ment:1	9
8	-ist:2	3	-ine:1	3	-ent:1	8
9	-ship:2	3	-ic:1	2	-ure:1	6
10	-ed:2	2	-ile:1	2	-it:1	2
11	-it:1	2	-or:1	2	-arian:2	1
12	-eer:2	1	-en:1	1	-atic:1	1
13	-ery:2	1	-ent:1	1	-ian:2	1
14	-ine:1	1	-ist:2	1	-ine:1	1
15	-is:1	1	-ium=-um:2	1	-ive:1	1
16	-ive:1	1	-ment:2	1	-men:1	1
17	-less:2	1			-or:1	1
18	-ly:3	1			-ous:2	1
19	-ment:1	1				
共计		75		53		实122（126-4）
说明：-al共有4个三后缀的构词，因此4个后缀会重复统计						

我们觉得有必要对一览表作说明。在 –ION,–ATE,–AL 三大组合中，–al:2 中的 2 代表该后缀处于第二后缀的位置，–ion 则在第一后缀位置；–ed:2 表示此后缀在第二后缀的位置，–ate 则在第一后缀位置；–ion:1，表示此缀在第一后缀位置，–al 则在第二位。‐ er:1(2),2(5) 表示它在第一位置出现两次，第二位置出现 5 次。

从后缀的构词能力来看，在 3 个代表性后缀构词过程中，分别有 19 个后缀，18 个后缀参与 –ion 和 -al 构词过程，其中各自有 8 个后缀仅参与一次构词过程，–ate 的也有 5 个后缀参与一次构词过程，但为什么 –ion 和 –ate 的多后缀构词数量少于 –al 的多后缀构词数量呢？从上面表格中，我们可发现从序号 2–9 中，在 –AL 组合中有 8 个后缀参与构词的次数远远高于其他两个组合。

从语法属性来看，–ion 属于名词性后缀，–ate 为形容词性或动词性后缀，–al

是名词性或形容词性后缀。它们在多后缀构词过程中，对其他后缀的选择既存在共同之处，又存在差异性。

先从差异性说起，3 个代表性后缀在多后缀构词过程中有各自专属的合作后缀。在 –ION 组合中，这些后缀是其他两个组合所没有的，具体是 –ary, –er, –ship, –eer, –ery, –is, –less。其他两个组合也有它们自己特有的后缀搭档。–ATE 组合特有的 –ing, –id, –cle, –ile, –en, –ium。而 –ity, –ism, –ure, –arian, –atic, –ian, –men, –ous 等则是 –AL 组合专用的后缀。

三组合对其他后缀的选择存在共同之处，比如 –ion, –ate, –al 都会选择与以下这些后缀配合，如 –ist, –ent, –ine, –ive, –ment, –ly。尽管选择了同一对象，但由于 3 个代表性后缀属性有所不同，在构词过程中还是会出现后缀所处位置不同的现象，也有可能产生对形态变体的不同选择。如 –ment 都参与了 3 个代表性后缀的构词过程，在 –ION 组合中，–ment 处于第一后缀的位置，从而导致它选择了 –ION 后缀家族中的非典型成员 –ation，而不是典型成员 –ion；在 –AL 组合中，–ment 同样处于第一后缀的位置；而在 –ATE 组合中，–ment 则在第二后缀的位置。又如 –ent 在 –ION 组合中也是处于第一后缀的位置，同样地它选择了 –ation；在 –ATE 组合中，–ent 也在第一位置，–ate 在第二后缀位置，但此时需要一个中缀来连接这两个后缀；在 –AL 组合中，–ent 能产性要比在前面两个组合中的能产性强得多。

上述提到的 –ist, –ent, –ine, –ive, –ment, –ly 这 6 个后缀为三大组合所共用，除此之外，还有一些后缀只为两大组合所共用，如 –ed 为 –ION 和 –ATE 两大组合所用，而不为 –AL 组合所用，这就是 3 个代表性后缀语法属性所决定的。再比如 –ize 只为 –ION 和 –AL 组合所用，不为 –ATE 组合所用，语法属性决定了两动词性后缀不能紧挨在一起造词。另外，有的后缀虽为两大组合所用，但在组合中的地位却有所差别，构词能力强处于核心地位，如 –ed 在 –ATE 组合中处于核心且重要的位置，而在 –ION 组合中，因其构词能力平平，处于中间位置。

现在来谈谈处于核心位置的后缀。序号 1 一行中，–ion 与 –al 结合生成的双后缀构词数量一样，且它们所处的位置是稳定的，–ion 在第一位，–al 在第二位，这两后缀的缀合生成众多以 –ional 词素结尾的单词。但有一点我们必须留意的是，如果词根以辅音 d, l 结尾的，–ion 就变成 –ition，如双后缀构词 additional, volitional。

序号 1 一行中，–ate 与 –ed 结合生成常见的以 –ed 结尾的形容词，在这类双后缀构词中，两后缀的位置也是稳定的，–ate 为第一后缀，–ed 为第二后缀。

–ize 虽然可与 –ion, –al 结合构词，但在构词过程中，–ize 位置有所不同，且对 –ion 的变体是有选择的。–ize 与 –ion 结合，通常处于第一后缀的位置，并其后选择 –ation 跟随，而不是后缀 –ion，如 organization, vocalization 等词。–ize 与 –ion 联合构词过程中也可处于第二后缀的位置，但此时必须是在三后缀的构词中，如 containerization。然而 –ize 与 –al 结合构词，它通常占据第二后缀的位置，甚至有时候会出现在第三后缀的位置，如 rationalize。

基于上述分析，我们现在可对多后缀问题进行总结，并试着回答多后缀的 3 个核心问题。多个后缀在构词中所处的位置是主要由后缀的语法属性决定的。至少有 5 个后缀经常相互结合生成数量众多的多后缀单词，那就是 –ion, –ate, –al, –ize, –ity。后缀在构词中的位置决定了它对变体的选择。在 –ION 组合中，如果与 –ion 合作的后缀占据了第一后缀 (如第一后缀为 –ent, –ize, –ic 等后缀时) 的位置，那么此时的 –ion 通常就要被其变体 –ation 所取代。研究发现《词汇表》收录单词中有三后缀的词并不多见，因此多后缀构词主要以双后缀构词为主。

第三章　后缀词素与"语义分工"

姚鸿琨（2011）首先提出"语义分工"这一新概念。他以规则形式 burned 和不规则形式 burnt 为例解释了什么叫"语义分工"。一个规则形式业已存在，如 burned，在这种情况下，引入一个不规则的形式如 burnt，不规则形式面临二选一的命运，要么替代规则形式，要么在意义上与规则形式有所差别，否则将被早已存在的规则形式所阻遏 (blocking)。在美语中，burnt 具体指烤焦的面包。两个形式在语义上的分工使它们得以共存。

我们认为，"语义分工"是有理论依据的。派生形态学认为，后面层次上各形式的语义均局限于前一层次上相关形式未涵盖的语义。如果说像动词 sing, wash, bake 等处于 Level 1❶ 上（实际上可称它们为零后缀的构词——笔者注），它们表示的是某种动作。在 Level 3❷ 上给这些动词加上名词后缀 –er，使它们成为施事者，即 singer, washer, baker, 这些构词表示某一动作施事者，与 Level 1 表示某一动作的零后缀构词在语义上是不重复的或不重叠的，因此这些加 –er 的构词就可以。然而，规则之外总有特例。单词 cook 既可表示"煮"的动作，又可表示执行这一动作的施事者，即"厨师"。按照 bake 加 –er 变成 baker(面包师) 的构词原理，我们也可给 cook 加上 –er 使其成为 cooker(按理说能表示"厨师"之义)，但在 Level 1 中 cook 就有了"厨师"之义，cooker 为了生存只能遵守"语义分工"的原则，填补"炊具"这一语义空缺。

词汇学认为，后缀一般决定一个派生词的词性，但我们认为有时派生后缀也参与到派生词的语义构建过程，为了能让一个后缀派生词得以生存，不得不执行"语义分工"原则，甚至不顾构词的经济性原则，冗余到底。

fruit 是一个极为常见的单词，它既可为名词，意为"水果，果实，成果"，也可为动词，意为"使……结果实"，从词性与词义也是再正常不过了。可是 fruit 加上后缀 –er 变成 fruiter, 意思变成"果树，运果船"，这好像也很正常，因为至少加后缀之后，它的意思与 fruit 是不重复的，因此也就能存在，可是 fruiter

---

❶❷　这里的 Level 1 和 Level 3 是属于 Bauer & Nation(1993) 所划分的词缀等级。

没有表达"果农"或"果树栽培者"的意思（有些电子词典提供网络释义时 fruiter 有"果农"之义——笔者注）。那"卖水果的人"或"水果商"是哪个词呢？fruiterer 是也，它的构词过程就是在 fruiter 之后再加一个 –er 生成了表达"卖水果的人"或"水果商"的意思，与它之前的 fruiter 和 fruit 不存在意义重复，所以就能生存下来。一个构词规则重复使用（即名词或动词 fruit+ er+ er) 是为了避免语义重复，只好走"语义分工"之道，不顾构词的经济性原则，不顾记忆的省力原则，把冗余原则进行到底。

　　fruiterer 一词体现了当时造词人极力要遵循的原则，即语言总是不断地趋向系统性和造词的规律性，语言使用者需要能产性构词规则逐步参与到新词的创造过程中。

　　上面探讨的是后缀 –er 与"语义分工"问题，下面我们来看"单字母"（也许可称为单字母后缀词素）参与构词与"语义分工"问题。在英语单词中存在这样的现象。一种是两个单词之间只差一个字母，如 slim 与 slime, scrap 与 scrape, rat 与 rate, rap 与 rapt, lung 与 lunge 等单词，两词之间不存在同词根的情况，也许是机缘巧合，两词之间仅差一个字母，意思却完全不同。另一种同样是两个单词之间只差一个字母，但词根相同，属于同根词，如 fort 与 forte，secret 与 secrete，grip 与 gripe。

　　我们知道，词根决定了一个单词的基本意思，既然它们是同根词，基本意思应该是一样的，但为什么它们仍能和平共存呢？原因是"语义分工"。我们认为"语义分工"能从 Clark(1987) 所提出的"对比原则"（the Principle of Contrast）得到进一步的印证。"对比原则"指出，不同的词指不同的事物，在语言中只要词在形式上有所差异，那么在意义上就会不同。以 grip 与 gripe 为例，grip 为名词时的意思是"紧握，抓牢，握力，掌握，能力，胜任"，为动词时的意思是"握紧，抓牢，吸引住，吸引……兴趣或注意力"。而 gripe 为名词时意为"紧握，抓住；肠绞痛，抱怨"，为动词时意思是"绞痛，握紧，惹恼，发牢骚"（两词意思取自 www.iciba.com——笔者注）。从这两词意思比较可看出，"握紧，抓牢"是两词共有的，也就是词根 grip 的基本语义"to seize"，gripe 之所以能存在，原因是它还有 grip 所没有的词义，如"惹恼，发牢骚"。这与费致德（1980），葛本仪（2001）所持的观点是一致的。费致德认为，有时出现了绝对同义词，但为期短，因为它们逐渐地向各自不同的方面发展，最终成为各有侧重的准同义词。葛本仪则指出，绝对同义词不能同时共存，要经历意义的取舍，逐渐走上了意义分化的道路，结果它们获得各自的特点，并以自身特点而被保留。grip 和 gripe 就是最好的例证，因为 gripe 虽保留了"握紧，抓牢"的意思，但实际运用中，更多的是偏向"惹恼，发牢骚"之义。

　　综上所述，在后缀词素参与构词过程中所生成的构词为了能生存而不被阻遏，只好遵循"语义分工"原则。

第四章　后缀词素与形态阻遏

阻遏现象是词汇语用学研究的重要课题之一。姚鸿琨（2011）基于前人的研究首次把英语中的阻遏现象分为四大类，其中形态阻遏是第一大类。国外研究者提出了多种形态阻遏理论，具体有 Aronoff(1976) 的阻遏理论，Kiparsky（1982）的等级顺序和避免同义原则，Marle(1985) 的域假设和 Rainer（1988）的符号阻遏与类阻遏。我们认为，这些理论实际上涉及了形态阻遏现象中的符号阻遏、类阻遏及词项对屈折词缀生成词的阻遏。本章重点讨论后缀词素与形态阻遏的问题。

一个形态复杂的造词受到词库中已有的一个同义词的阻遏，这种现象称为符号阻遏。根据构词规则，以 –ous 结尾的形容词要变成名词，一般要加上 –ity, 如 curious 变成名词 curiosity。按照这样的后缀构词规则，形容词 glorious 就应该变成 gloriosity，但此构词却是不能存在的，原因是词库中已经有个同义词 glory，它的存在阻遏了根据构词规则而生成的 gloriosity。再如 fury 的存在阻遏了 furious 根据构词规则而生成的 furiosity。因此，一个特定词干只要同时拥有以 –ous 结尾的形容词和与之语义相关的抽象名词，那么，要生成以 –ity 结尾的 Xous 形容词的派生名词是不可能的 (姚鸿琨，2011)，这就是符号阻遏，一个同义形式的存在导致根据构词规则而生成的词不能存在。

上面讨论的是后缀词素 –ity 与符号阻遏的问题，现在谈谈后缀词素与类阻遏的问题。首先要解决类阻遏的概念 (Plag，2008)。类阻遏是指一个词缀阻止另一词缀的使用，比如后缀 –ness 与 –ity, –ence 与 –ency。形容词 aggressive,effective 变成名词是直接在它们后面加后缀 –ness 生成了 aggressiveness 和 effectiveness, 但是形容词 captive 和 relative 要变成名词是在它们后面加后缀 –ity 生成了 captivity 和 relativity。–ity 阻遏了其同义而"对立"的 –ness 参与 captive 和 relative 的名词构建，类阻遏就产生了。又如形容词 confident 和 competent 的名词是 confidence 和 competence ；然而 affluent 和 decent 的名词却是 affluency 和 decency，同义对

立的后缀 –ence 和 –ency 在上述构词中相互阻遏。

　　综上所述，有些后缀词素在构词过程中会产生形态阻遏，在符号阻遏中阻遏项是业已存在的词项，而在类阻遏中阻遏项是对立的后缀（当然有时对立否定前缀之间也会产生类阻遏——笔者注）。

第五章　单词形态的三种基本知识

相关研究表明，二语学习者英语单词形态意识相当薄弱。Schmitt & Meara（1997）发现二语学习者的词缀习得往往较弱，姚鸿琨（2008）、刘绍龙（2002）、钱晶晶（2011）均有相似的发现。而习得者对词根掌握的情况更糟，通过调查，我们发现高达 73.7% 的被试不知道词根为何物，对整个词的解构准确率仅为 28.20%（姚鸿琨，2021），这充分说明习得者对英语单词形态知识的掌握是很有问题的。

单词形态知识都包括哪些呢？Tyler & Nagy(1989) 指出，派生形态学知识至少包括以下三种：关系知识 (relational knowledge)、句法知识 (syntactic knowledge) 和分布知识 (distributional knowledge)。关系知识指学生能识别单词内部复杂的结构，且能识别出两词或更多词共享的词素，比如 morphology, monologue 与 archaeology 三词共享一个词根 log 以及每个词所含的其他构词成分。句法知识是指知道派生后缀所表示的句法范畴，如 recognize 和 recognization 中的 –ize 表示此词是动词，–ation 是名词。分布知识是指知晓词根（词干）与后缀之间相互关联（concatenation），比如后缀 –ness 通常与形容词相结合，如 happiness，不能与动词相合，如 happenness。

从掌握难易程度来说，我们认为，句法知识相对较为容易掌握，因为后缀的语法属性不外乎是动词性后缀、名词性后缀、形容词性后缀和副词性后缀，因此对词汇量在 3000 个及以上的学习者掌握句法知识是不难的。至于分布知识和关系知识来说，不存在哪个先哪个后的问题，因为如果学习者知道词根（词干）与后缀的结合是有一定关联的，或者说后缀对词根（词干）是有选择的，那么学习者对关系知识的掌握也就不成问题了。反过来说，如果学习者能辨别一个复杂构词的内部结构，那么涉及词根（词干）与后缀之间的相互关联知识或分布知识也就清楚了。

从对上述三种知识的分析，我们认为它们涉及核心的问题是单词的构成成分（即词根与词缀）、构词成分的语法属性及构词方式。姚鸿琨（2021）其实对这三个问题已经提供了一些解决方案。词根方面，姚鸿琨（2021）的研究提供了《词汇表》单词所含的词根汇总表、词根能产性及其构词使用频率对比表、469 个常用词根、构词过程及其使用频率，以及含有常用词根词缀的 562 个高频词。

我们强烈建议学习者不管是学习词根还是词缀，从最常用、构词能力最强的词根与词缀开始。在姚鸿琨 (2021) 的附录 2 中，构词能力最强的是 st 及其变体，共有 103 个构词。在这些构词中使用频率最高的是 state，这是个极为常见的词，因此对此词的记忆几乎无须花费什么精力。该单词解构很简单，词根 st 与后缀 –ate。后缀 –ate 也是相当常见，通过与词根构成动词或形容词，所以对此词的记忆重点应在词根记忆上。

本书中所提供的词根、前缀及后缀三种构词汇总表都标明了每个单词的使用频率，将有助于学习者决定哪个先学，哪个后学。每个单词均提供解构，有助于学习者掌握单词形态的关系知识和分布知识。姚鸿琨 (2021) 的词根构词方式有助学习者了解构词方式的种类、构词成分数量上的可能性、中缀、填充词素的使用，等等，只有这样才可能在今后单词学习中，尤其是在新词学习时，充分利用以上三种知识，以期实现对单词的正确解构。

第六章 英语单词解构程式

基于前面的研究，我们认为培养学习者单词形态意识最有效的且最综合的手段之一是教会他们如何对单词进行解构，把一个单词分成几个有意义的词素，看看其中哪一个词素是熟悉的，尤其是能辨认出已知的词根词素。从熟悉的、已知的词素入手来学习新词，必将是事半功倍，有助于单词的习得。我们提出如下英语单词解构程式：

$$[Prefix]_{0-n} + [Infix]_{0-1} + 【Root】_{1-N} + [Infix]_{0-1}/[Filler]_{0-1} + [Suffix]_{0-n}$$

从上面的单词解构程式可看出，此程式共由六个构件组成，其中 $[Infix]_{0-1}$/$[Filler]_{0-1}$，斜线表示"或者"，也就是二选一。六个构件中有一个是用【 】，且其右下角有 1–N，这说明它在整个词的重要位置，因为它是构词最基本的词素，可以没有其他构件，而 Root 是不能没有的，所以其数量是从 1–N，也就是至少得有一个词根，否则就构不成词。当然也有特殊的情况出现，即术语词缀就没有词根参与构词。前后缀用 [ ]，且右下角都是 0–n，这显示在构词时可以没有它们，因此用 0 表示;n 表示无数个，但我们从《词汇表》所收录的词中发现，最多也没有超过三个词根、前缀或后缀。$[Filler]_{0-1}$ 填充词素到目前为止我们发现最多只有一个，一个构词中用两个填充词素的还没发现。有两个 $[Infix]_{0-1}$ 且分布位置不同，说明在一个构词最多可以有两个中缀。

程式中 $[Prefix]_{0-n}$ 与【Root】$_{1-N}$ 之间有 $[Infix]_{0-n}$ 插入，根据我们的研究，这些中缀有 –a-,–e-,–i-,–o-,–u-,–aeo-,–ul– 等。如果没有中缀插入，前缀与词根之间在构词时可能会发生形态变化，因此解构时要特别留意这一环节上的变化，尤其是那些怪异变体（姚鸿琨，2021:27–33, 词素变体——23 条规则）。建议学习者全力记住在本书最后面提供的 55 个前缀。这个数量虽然不多，但对成功解构单词来说已迈出坚实的一步，因为拿下前缀，加上后缀较容易辨认，那剩下的就是词根了。

姚鸿琨（2021）提供了 469 个词根，与前缀、后缀相比数量最多，全部掌握有一定的挑战性。词根被分为五个等级（最常用词根、较常用词根、常用词根、不常用词根、罕用词根），因此主攻的目标是很明确的，集中火力先拿下最常用词根、较常用词根、常用词根这三大"碉堡",不断地加以重复,巩固练习,举一反三,相信学习者的词汇量会有明显的扩大,因为属于这三个等级上的单词均是最常见不过的,从熟悉的词或已知词入手来学习词根词缀将收到意想不到的效果。

如果按上面的程式,在词根与后缀之间再有一个中缀或填充词素,会给区分词根与后缀这两个构词成分带来麻烦,因此学习者必须了解中缀是在什么情况下使用,通常有哪几个元音字母用作中缀(姚鸿琨,2021),以及通常用作填充词素的都有哪些字母,唯有这样才有可能做出正确的词根与后缀之间的区分或解构。

为了验证我们所提出的单词解构程式,我们以 insignificant, uncompromising, egalitarian 三词为例来尝试对单词进行解构。

insignificant:[Prefix:in−]$_1$ +[Infix:0]$_0$+【Root:sign】$_1$ +[Infix:−i−]$_1$/[Filler:0]$_0$+【Root:fic】$_1$+[Suffix:−ant]$_1$

构词方式:P+R+Infix+R+S

uncompromising:[Prefix:un−,com−,pro−]$_3$ +[Infix:0]$_0$+【Root:mis】$_1$+ [Infix:0]$_0$/[Filler:0]$_0$+[Suffix:−ing]$_1$

构词方式:3P+R+S

egalitarian :[Prefix :0]$_0$+【Root:equ, ali】$_2$+ [Infix:0]$_0$/[Filler:−t−]$_1$+[Suffix: −arian]$_1$

构词方式:2R+Filler+S

解构是否正确关键取决于对构词成分的辨别与掌握,因此我们要抓住核心的构词成分——词根、前缀与后缀——三把通往词汇宝藏的钥匙。为此,本书提供它们的构词汇总表,按构词能力与使用频率由高到低进行排序,并提供单词的解构,为学习者提供方便。

第七章　单词形态意识的培养

一、先学高频词

为了培养学习者较强的单词形态意识，使其能较为轻松地习得常用的词根、前缀与后缀，灵活运用单词形态的三种基本知识，举一反三，以期实现能有效解构所学单词的目的，我们找到了突破口——高频词。

为什么是高频词呢？因为它使用频率高，词汇量在 3000 个以上的学习者一般都已掌握。现在最大问题是高频词从哪里来？姚鸿琨（2021）从《词汇表》中提取出使用频率最高的单词，共有 625 个，除去重复的单词，实际有 562 个。按照构词使用频率等级划分法，共分为五级词频，其中属于最常用、较常用、常用的单词共有 520 个，占全部的 92.5%。这些词是再熟悉不过的单词，一般英语学习者都已经掌握这些高频词。学习者可从已知的高频词入手，利用解构程式尝试去解构单词，以实现增强单词形态意识、巩固和扩大词根词缀知识，提升单词解构能力，从而达成扩大词汇量和增强交际能力的目标。

以单词 president 为例，在词根能产性及其构词使用频率对比表（姚鸿琨，2021）中，它的使用频率排名第九。单词 president 对一般学习者来说是个常见词，借助这一优势，学习者可学会单词的构成成分，词根 sid=to sit, 前缀 pre-=in front, before, 后缀 –ent= 人，因此构词成分意义综合起来就是"坐在前面的人（总统、主席、总裁）"，因为这些人开会通常是坐在前面的。基于对 president 构词成分的理解，学习者也就不难习得单词 preside。

我们认为利用高频词来培养学生单词形态意识的做法是切实可行的。第一，它不会增加学生的单词记忆负担，因为这些高频词对他们来说不是生词。第二，利用高频词来培养他们的单词解构能力，可使他们对单词的构成及其词义有更为深入的理解。第三，通过对高频词的解构，一方面可帮助学生习得常用的英语词根、前缀与后缀；另一方面可有效地提高学生对识别、习得同根词与同词缀的词的效率，真正实现举一反三的学习目的。正如 Laufer（2002）所说："学习者若能把单词解构成（有意义的）词素，这不但有利于识别新词，而且也有利于今后的产出。"

二、从高频词入手学习词根——基于词根识别能力的调查

词汇教学实践证明，单词形态知识的传授是必要的，即一个单词是由哪几部分构成的。姚鸿琨（2021）在研究中列出了 30 种词根构词方式，其中最典型的是 P(prefix) +R(root)+S(suffix) 构词方式。在学过必要的单词形态知识基础上，我们给被试（为某校 2017 级英语专业、商务英语专业大学一年级五个班共 137 人）提供三个常用单词 president（在 BNC 使用频率为 15567,COCA 频率为 278490, 频率均值为 147029 ）, community（在 BNC 使用频率为 22674,COCA 频率为 124842, 频率均值为 73758 ）和 conference（在 BNC 使用频率为 9630,COCA 频率为 41332, 频率均值为 25481 ），让被试写出三个单词所含的词根，并分别为每个词根写出三个同根词。

我们认为这三个单词是绝对的高频词，平均使用频率最低为 25481，因为根据马广惠（2016）的定义，在每百万字中出现 10 次及以上的词就被算为高频词。本次调查结果如图 7-1 ～图 7-3 所示。

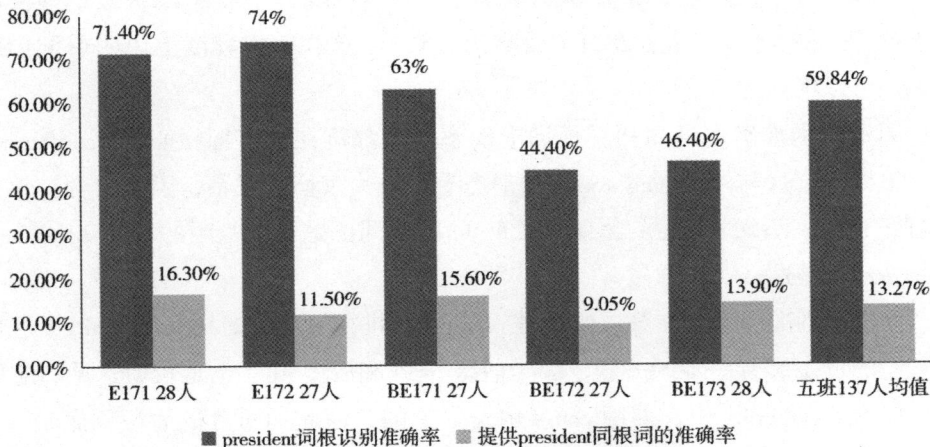

图7-1 对单词president的调查结果

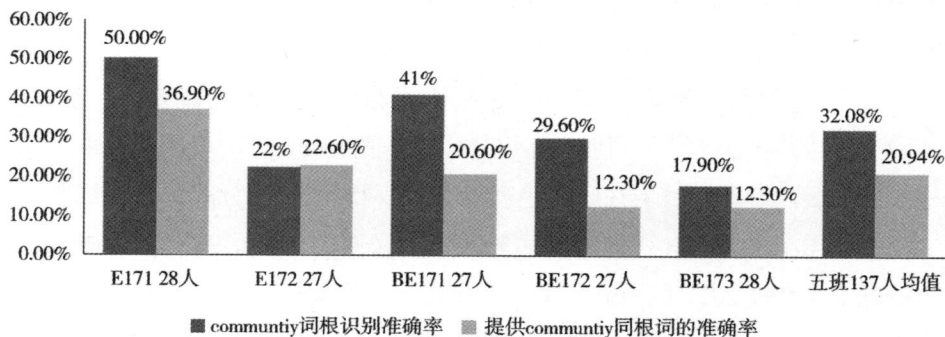

图7-2　对单词community的调查结果

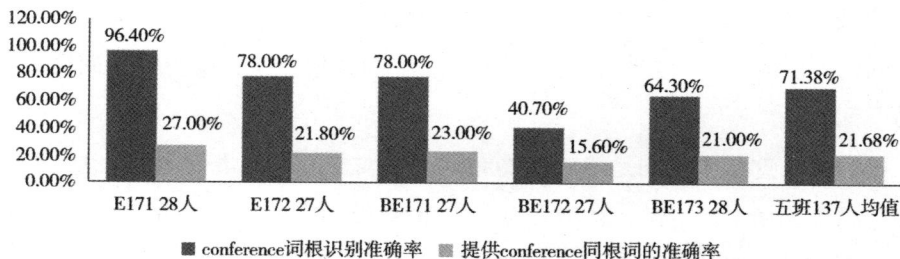

图7-3　对单词conference的调查结果

如以上 3 个图所示，词根识别准确率最低为 32.08%，比 2015 级被试词根识别准确率 12.7%（姚鸿琨，2021）要高出 2.5 倍，这在一定程度上说明单词形态意识是可以培养的。

词根识别准确率最高和同根词准确率最高都落在含有词根 fer 的 conference 这一单词上。这与单词 conference 的形态有着较为密切的联系，因为它含有常见的前缀 con-、后缀 -ence，含有词根 fer 的同根词也是被试常用的，如 difference, reference, preference 等。

词根识别准确率排在第二位的是 president，排在第三位的是 community，这也与它们的形态有着一定的关联，因为前缀 pre- 和后缀 -ent 也是较为常见的前后缀。单词 community 中，前缀 com- 也是常见的，但此词所含的后缀到底是 -ity 还是 -ty 让许多被试犯难了。很多被试认为此词后缀是 -ty，因为他们认为词根是 muni。他们之所以把 community 解构成 com-, muni-, -ty，这与他们长久以来按音节记单词的习惯有着直接的关系，这也可从有些被试对 president 的错误解构（pre-,si, -dent）可看出些端倪。我们不否认按音节记单词的益处，但音节并不等于构成单词的有意义的部分，换言之，音节解决不了单词词义构成的问题，而词根、前后缀这三大有意义的组成部分却可以做到。

测试要求被试为三个单词提供它们的同根词，平均准确率从高到低分别是21.68%、20.94%、13.27%。这么低的准确率在一定程度上反映出：第一，被试的单词形态意识有待进一步加强，他们在记忆单词时还没习惯采用词根记忆法，因此对他们来说，先掌握常用的词根十分有必要。第二，大部分同根词在被试心理词典中很可能是独立存储的。换言之，这些同根词在被试记忆库中是分开的，同根词之间没有联系，是孤立存储的。

三、一义多根现象

一义多根在英语构词中是常见的现象，但对英语学习者来说，如果采用词根记忆法，一义多根现象足以让他们望而生畏，望而却步。我们认为我们的研究可以提供较好的解决方案。

我们知道词根决定单词的基本意思，要避免死记硬背单词，必须先从词根着手。根据我们的研究，一义多根现象有两种情况，一种是词根的变体造成的，另一种是同义词根造成的。

1. 词根变体

我们先看第一种。从《词汇表》所收录的单词中我们分解出的构词能力最强的词根是 st 及其变体 sist,stat, stit, stant, stin，意为 "to stand"，其构词总数高达103 个（姚鸿琨，2021）。如何习得此词根及其变体呢？我们可从 103 个同根词中选取具有代表性且使用频率高的词，共有 6 个，如表 7-1 所示。以这 6 个词来学习其他的 97 个同根词，这样学习者就不会有望而生畏，望而却步的感觉。

表7-1　一义多根之词根变体

单词	在同根词中使用频率排名	单词在BNC和COCA频率均值	单词使用频率等级	同根词	同根词的数量
state	1	161089	5	staff, stage, station, status, instance, statement, distance, contrast, estate, exist, existence, establish, distant, stable, substance, establishment, stability, stance, static, obstacle, circumstance, constable, stabilize, stately, existential, extant, coexist, reinstate, constancy, understate, existent, existentialist, equidistant	34

续表

单词	在同根词中使用频率排名	单词在BNC和COCA频率均值	单词使用频率等级	同根词	同根词的数量
institute	11	22468	4	institution, constitution, constitutional, institutional, substitute, constitute, constituency, prostitution, constituent, prostitute, substitution, superstition, superstitious, restitution, destitute	16
assistance	19	11924	4	consistent, resistance, assist, resist, insist, consistency, persistent, assistant, inconsistent, resistant, consist, persistence, persist, irresistible, insistent, transistor, resistor	18
constant	21	36101	4	stand, standing, standard, substantial, constantly, instant, instantly, substantive, instantaneous, circumstantial, substantiate, standardize, estancia	14
statistics	27	8765	3	stadium, statistical, statute, statue, statutory, ecstasy, stationary, ecstatic, stationery, thermostat, statistician，electrostatic	13
destiny	53	2764	3	system, destination, systematic, destined, pristine, obstinate, systematize	8

根据姚鸿琨(2021)的词根汇总表，我们可以看出，多数词根是有变体的，因此选定具有代表性且使用频率高的词来习得其同根词是切实可行，行之有效的方法。

词根及其变体丰富了英语词汇，在词根基础上加上不同的词缀，使英语有了更为多样的表达词汇。就以词根"sist"为例，从表7-1我们可看出加上词根前面的共有6类前缀（靠近词根或称为第二前缀），生成了至少6种的具体词义。

2. 同义词根

现在来讨论一义多根的另外一种现象——同义词根。在《词汇表》当中，表达"people"之意的词根有 popul, dem, hum, anthrop, ethn 等。我们认为，绝对同义是不存在的，正如 Cruse(2009)所说的"就像自然界没有真空一样，自然语言拒绝绝对同义词的存在。"（Natural languages abhor absolute synonyms just as nature abhors a vacuum.）因此我们认为由这些词根构成的词在词义上还是有一定的差异。让我们来看一下它们的构词及其词义（见表7-2）。

表7-2　一义多根之同义词根

词根及语源	构词总数	使用频率最高的构词	词义偏向	备注
popul=publ=people[L]	10+3=13 姚鸿琨(2021)附录4的113	public频率均值：116563	构词围绕"people"这一原型义，语义偏向大众、人口、普及、人民共和、宣传等拓展	双根词只有一个，即republican
dem=people [GK]	5+4=9 姚鸿琨(2021)附录4的185	democratic频率均值：29223	构词语义主要集中于民主、民治；（借民主之名）蛊惑民心；流行病	除epidemic, endemic两词，其他均是双根词，增加习得难度
hom=hum=man,earth [GK]	18+5=23 姚鸿琨(2021)附录4的39	human频率均值：79553	词根主要有两层意思，一是人，二是土。此词根构词词义基本上是在这两大主要意思的基础上延伸。这可能与圣经故事有关，《圣经》里说上帝用泥土造人，因此人对上帝是humble, humiliating, homage；因此上帝是仁慈的；既然是土，土会潮湿的	只有一个双根词即homicide（cid=to cut）
anthrop=mankind [GK]	0+3=3 构词低于四个的词根不收录在姚鸿琨(2021)附录4中	anthropology频率均值：79553	词根构词词义仍保留"mankind"之意	共有三个构词，均是双根词，其他两个是philanthropy, philanthropic
ethn=race,nation [GK]	1+0=1	ethnic频率均值：13348	词根构词词义仍保留"种族""民族"之义	

桂诗春（2000）根据启动作业调查结果，认为我们的心理词典是按语义相关组织起来的，因此语义是心理词典的中心组织原则，可帮助我们决定其中词语之间的联系。一义多根现象的同义词根正是凭借语义这一纽带把同义词根连接起

来。姚鸿琨(2021)在附录 2 中尽可能提供同义词根，如表示"know"之义的词根有 sci，gnos，not，cogn，表示"end，limit"之义的词根有 fin，termin，ultim，bys，表示"to look，to see"之义的词根有 vis，vid，vey，spect，spec，spic 等。我们这么做的目的在于帮助学习者培养较强的单词形态意识，因为词根在心理词汇组织及词汇通达方面是个关键因素 (Tyler & Nagy,1989)。

四、一根多义现象

正像英语单词中有许多是多义词一样，英语词根也存在着一根多义的现象。我们就以两个常见词根来例证此现象。一是词根 pend 及其变体 pens 和 pond，它们具有"to hang""to weigh""to pay""to consider"等意思；二是词根 lect 和它的变体 leg，lig 与 leag，具有"to gather""to choose""to send""to read""law"等之义。具体如表 7-3 和表 7-4 所示。

表7-3 一根多义（以词根pend为例）

词根及其意义	构词总数	具体构词	备注
pend=to hang	19	independent,independence, dependent,dependence, depend,interdependent, suspension , suspender, suspend , suspense,pending, pendant , impending,appendix, pendulum, penthouse, perpendicular,appendicitis, pendent	没有双根词，只有两个双前缀：independent,independence
pens=to pay	11	expensive,expense, expenditure,expend, pension, pensioner,stipend, compensation,compensate, append, recompense	双根词一个，即stipend。双前缀一个，即recompense
pens=to weigh	5	dispensation,dispensary, dispensable, dispense indispensable	双前缀一个，即indispensable
pond=to consider	1	ponder	

表7-4　一根多义（以词根lect为例）

词根及其意义	构词总数	具体构词	备注
lect=to gather, to choose	18	collect ,collective, collection , collector , recollection, selection, select, selective , colleague, neglect, legion, eclectic, negligible, dialect, dialectic, negligent, recollect, dialectics	双根词有三个，即 neglect, negligible, negligent。双前缀有 recollect,recollection
leg=to choose, to gather, to read, law	4	college, collegiate, diligence, diligent	
leg=law	16	legal, legislation,illegal, legitimate, legislative, legislature, privilege, allegedly, allegiance, illegitimate, legislate, allege, legitimize, legalize, underprivileged, disloyal	双根词有五个，即privilege，underprivileged，legislation，legislative，legislate
lect=lig=to choose	15	election, elect, intelligence, intelligent, intellectual, intellect, elite, unintelligible, elegant, elegance ,eligible, electorate, intelligible, elector, electioneering	双前缀词一个，即 unintelligible
leg=to send	5	legacy,delegation, delegate,relegate, sacrilegious	
leg=to read	6	legend, legendary , lecture, lecturer, legible, illegible	

我们认为，一根多义一方面从根源上丰富了英语词汇，因为同一词根有着不同的意义，通过添加不同的前缀与后缀自然就可构成众多词义不同的词；另一方面，一根多义也可看作同根不同义，这本身就为"语义分工"提供了前提，在其词缀化过程中避免了构成词之间阻遏现象。比如词根 pens 可以是"to pay"，也可以是"to weigh"之义，因此构成词 compensation 与 dispensation 就不会出现相互阻遏，尽管词根与后缀在形式上完全相同。同样地，leg 有"law""to send""to read"之义，所以 legal, delegate, legible 虽然同根但意义不同，加上不同的后缀，

构成词词义区分度就自然明显了。由此可见，一根多义具备较强的构词能产性。

五、双根词现象研究

如前所说，词根决定一个单词的基本意思。换言之，任何构词过程都离不开词根。现代英语词汇有三分之二左右是根据构词法创造出来的（李平武，2002），因此熟练运用三种基本的形态知识（句法知识、关系知识及分布知识）对识别、习得更多依照构词法而生成的单词有着较为直接的现实意义。

为什么要研究双根词现象呢？是因为有些词根在构词过程中需要另一词根的可能性较高或者说对另一词根的依赖性更高。通过对双根词的研究，我们有以下发现。

第一，能产性高的词根对另一词根的依赖性不一定高。从姚鸿琨（2021）的附录2可看出，词根 st 及其变体能产性最高（五级），其构成词高达103个，但在构词过程中只与另外4个词根合作构词，它与词根 prim=prem=prin=pri=first, therm=heat, electr=electric,equ=iqu=equal,same 合作分别生成了 pristine, thermostat, electrostatic 和 equidistant, 因此在其构成词中双根词就不多，只有4个。而能产性排名在第六位的词根 log=logue=speech,a subject of study, 在构词过程中居然与24个不同的词根合作（姚鸿琨，2021），由此可见词根 log 对其他词根的依赖性。

第二，双根词的构词形式值得研究，因为它涉及较多的构词成分，因此有助于培养学生单词形态意识，提高他们单词解构能力。我们以词根 log(希腊词根),fic(拉丁词根) 为例，有高达24个词根与 log 合作构词，与 fic 合作构词的词根有19个，因此这两个词根具有代表性。通过研究发现，双根词的构词形式主要以 R+Infix+R+S、2R+S 两种形式为主。这两种构词形式的主要差别在于一个有中缀，一个没有。我们发现 R+Infix+R 中的 Infix 有两种情况。如果两个 R 都是希腊词根，那 Infix 通常是 –o-(中缀)。24个词根与 log 合作构词，在18个双根词中，两词根之间插入中缀 –o- 有17个，只有1个用中缀 –aeo-, 即 archaeologist。如果两个 R 都是拉丁词根，那 Infix 通常是 –i-。19个词根与 fic 合作构词，在15个双根词中，两词根之间插入中缀 –i- 的有14个，只有1个用中缀 –e-, 即 stupefaction。在 2R+S 构成词中，中缀没有出现主要是由两个原因引起：一是在双根词中，第一词根是以元音结尾的，所以就无须再插入一个元音字母，如 biology, ecological, geology 等词；二是双词根之间根本没有插入中缀，可能是两根之间发音过渡比较自然，就省去中缀，如 satisfaction(satis 与 fact 之间），

facsimile(fac 与 simil 之间), principle(prin 与 cip 之间), capricious(cap 与 rice 之间), emancipate(man 与 cip 之间) 等词就没有中缀。

第三，双根词中只能处于第二词根位置的词根。在研究双根词过程中，我们发现有些词根只能处于第二词根的位置，如 crat=cracy=to govern，由其构成的双根词有 autocrat, autocratic; bureaucracy, bureaucrat; democracy, democrat; democratic, technocracy；如 cis=cid=cas=chis=to cut，由其构成的双根词有 homicide, genocide, pesticide, insecticide 等。这类双根词的词义基本上是基于双根的意义综合而成的，比如独裁者 (autocrat) ＝独自 (auto)+ 统治者 (crat)，技术控 (technocracy)= (技术)techn+ 控制 (cracy)。又如 tain=ten=tin=to hold，agogue=agog=to lead，由它们构成的双根词分别有 lieutenant, maintain, maintenance 和 pedagogical, demagoguery, demagogue, demagogy，但此类双根词的词义不但要基于双根的意义，而且要做一定的推导，如维持 (maintain)= 手（main)+ 持 / 握→维持，教学的（pedagogical) ＝小孩 (ped)+ 引导（agogue) →引导小孩走正道→教育。而蛊惑民心的政客（demagogue) ＝人（dem)+ 引导（agogue) →蛊惑人心→蛊惑民心的政客 / 煽动者。认知语言学认为，语言具有理据性（文秋芳等，2013）。双根词的词义正是基于形与义（词根义）之间的这种理据性综合或推导而来。

第四，单根词向双根词的转化——后缀 –fy 的词根化。《词汇表》共收录了含有后缀 –fy 的词，共有 47 个（附录 2 中的第 32 后缀 –fy 的构词），其中以后缀 –ed 结尾的有 5 个，剩下 42 个是以后缀 –fy 结尾的动词。根据构词规则，这些动词要变成名词就要把 –fy 改成 fic+ation。然而在名词化过程中，出现了两种现象：一是发生了阻遏现象，即根据构词规则而生成的词受到业已存在词的阻遏，它们是 significance 阻遏了 signification, terror 阻遏了 terrification, dignity 阻遏了 dignification, horror 阻遏了 horrification；二是在名词化过程中，后缀 –fy 脱变了词根 fic 或 fact/fac 和后缀 –ation。在 38 个以 –ation 结尾的名词中，除了有两个（即 satisfaction, dissatisfaction）之外，其他 36 个均是含有 fic+–ation 的词。这一形态变化值得我们关注——以 –fy 结尾的动词在其名词化过程中出现了后缀词根化的现象，使单根词变成了双根词。

六、一义多（前）缀

就像前面所说的一义多根一样，英语语言也存在一义多缀现象。我们就以表示"在……之前"之义为例，看看有多少个前缀含有此意。《词汇表》中含有

"在……之前"义的前缀有 fore-, pre-, pro-, ante-, anti- 等。从构词能力来看，含有前缀 pro- 的构词共 107 个，pre- 的共 75 个，fore- 的共 31 个，ante- 的只有 1 个，anti- 的也只有 1 个（表示"在……之前"之义）。从构词形式来看，与前缀 fore- 合作构词的均是单词，而其他几个均是黏着词根。这在一定程度上能解释为什么有 foresee, foretell, 却不曾有 presee, pretell, 或 prosee, protell。以 fore- 为前缀的构成词中，有 forebode, foreboding 两词，我们知道 bode 本身就有"预示，预兆"义，为何还要加前缀 fore- 呢？ foresee, foresight 一个是动词，一个是名词，但为什么有 forethought, 却没有 forethink？这也许是"约定俗成"的缘故吧。

七、一（前）缀多义

《词汇表》收录了含有前缀 anti- 的词共 13 个。此前缀有 "against""opposite""before"等意思。anticipation, anticipate 中的前缀表示"before"；antarctic，antonym 中的前缀 anti-=ant- 意为 "opposite"，其他 9 个构词中的前缀均表 "against" 之意。

就像英语单词一词多义一样，英语中许多前缀也是如此。英语构词能力最强的前缀 in- 及其变体 (il-,im-,ir-,i-) 就有好几个意思，比如 important, impossible 中的前缀 im-, 在前者中表示"in, into"，而在后者中则表示"not"。在单词解构过程中，我们应该要加强这种形态意识，即同一前缀在不同构词中意义可能不一样。

第二部分

第八章 《英语专业四、八级词汇表》单词所含的后缀汇总表

说明:构词在 100 个及以上的, 其能产性定为 5 级;构词在 99–40 个, 为 4 级;构词在 39–8 个的为 3 级; 构词在 7–5 个的为 2 级; 构词在 4 个及以下的为 1 级。

序号	构词数	后缀	能产性等级
1	545	*-ion=-tion=-ition=-ation=表示动作或状态,物[L],426+119=545 -ion=-tion=222+63=285 -ion=-ition=37+12=49 -ion=-ation=表示行为,过程,结果[L], 167+44=211	5级
2	322	*-ate=表示有……性质的,人,使之成……[L],167+155=322	5级
3	316	-al=表示……的,状况,人[L],228+88=316	5级
4	253	-er=表示人或物[OE],209+44=253	5级
5	230	-y=表示性质,状态,人[OE],158+72=230	5级
6	221	-able=-ible=able to be[L],129+92=221	5级
7	189	-ing=行为,状态,情况[E],139+50=189	5级
8	183	-ity=-ty=表示特性,状态[L],108+75=183	5级
9	180	*-ent=表示具有……性质的,人[L],115+65=180	5级
10	172	-ous=-ious=表示具有……性质的,充满……的[L], 85+87=172	5级
11	170	-ive=-ative=-itive=表示有……性质的,人或物[L],119+51=170	5级
12	166	-ly=表示……地,像……的[ME],133+33=166	5级
13	161	-ic=表示……的[L],97+64=161	5级
14	149	-or=-ator=-itor=表示人,器物,状态,性质[L],115+34=149	5级
15	127	-ment=表示行为或结果[L],104+23=127	5级
16	125	*-ed=有……的[OE],83+42=125	5级
17	101	-ant=表示……的,人[L],56+45=101	5级
18	92	-ist=表示人[OF],69+23=92	4级
19	88	-ure=-ature=-iture=-ture=表示动作,过程,结果[OF],61+27=88	4级
20	82	-ize=表示实行,受……支配[F],46+36=82	4级
21	80	-ary=表示……的,人[L],56+24=80	4级
22	77	-ical=表示……的[GK],53+24=77	4级
23	75	-age=表示状态,情况,身份,场所等[L],49+26=75	4级
24	70	-ance=表示状态,性质[L],54+16=70	4级
25	70	-ful=表示有……性质的[OE],52+18=70	4级
26	65	-ence=性质,情况,状态[L],57+8=65	4级
27	64	-ar=-ular=-icular=表示……的,物,人[L],48+16=64	4级

序号	构词数	后缀	能产性等级
28	62	-en=表示使成为……,人[OE],51+11=62	4级
29	62	-ial=表示具有……的[L],46+16=62	4级
30	57	-ism=表示主义,宗教,学术,制度,特征[GK],37+20=57	4级
31	53	-ish=表示有……特征的,使……[OE],32+21=53	4级
32	47	-fy=表示使,产生[L],32+15=47	4级
33	44	-id=表示有……性质的[L],22+22=44	4级
34	43	-it=……人,名词后缀[L],26+17=43	4级
35	41	-less=表示无……的[OE],36+5=41	4级
36	39	-le=repeated action or movement,small thing[OE],22+17=39	3级
37	38	-ile=表示可……的,易……的[L],20+18=38	3级
38	34	-et=-ette=表示小,表示……的人[F],22+12=34	3级
39	34	-ery=表示场所,行为,状态,性质[OF],27+7=34	3级
40	32	-ine=具有……性质的[L],21+11=32	3级
41	32	-ium=-um=部位,场所,元素[L],15+17=32	3级
42	30	-ics=表示……学,……术[F],18+12=30	3级
43	26	-on=表示人,物,……核子[GK],17+9=26	3级
44	24	-ness=表示性质,状态[ME],20+4=24	3级
45	24	-ory=表示属于……的,场所,物[OF],17+7=24	3级
46	24	-ry=表示行为,性质,地点[OF],15+9=24	3级
47	23	-an=表示……地方的人,属于……的[L],20+3=23	3级
48	22	-ite=表示有……性质,人或物[GK],15+7=22	3级
49	22	-us=表示名词,用于科学术语[L],11+11=22	3级
50	20	-ency=性质,情况,状态[L],14+6=20	3级
51	19	-ship=表示关系,状态,性质,某种技能,职位,资格[OF],15+4=19	3级
52	18	-acy=状态,性质[L],8+10=18	3级
53	18	-cle=-cul=小的[L],11+7=18	3级
54	18	-ian=表示与……有关的人[L],16+2=18	3级
55	17	-th=第……,……行为,……性质或状态[OE],15+2=17	3级
56	17	-ice=表示性质,行为,情况[OF],12+5=17	3级
57	15	-ability=-ibility=可……性,易……性[L],12+3=15	3级
58	15	-ess=表示人或动物(阴性的)[GK],15+0=15	3级
59	15	-el=表示物,人,地点[E],8+7=15	3级
60	15	-tic=表示属于……的,有……性质的[GK],8+7=15	3级
61	14	-a=名词后缀[L],10+4=14	3级
62	14	-ain=与……相关的人或事物[F],9+5=14	3级
63	13	-ada=-ade=名词后缀[F],7+6=13	3级
64	13	-ia=表示……症,……病[GK],4+9=13	3级
65	13	-tude=表示性质,状态[L],10+3=13	3级
66	12	-is=性质,情况[GK],9+3=12	3级
67	12	-atic=具有……性质的[L],8+4=12	3级

序号	构词数	后缀	能产性等级
68	12	-nom=-nomy=规律或学科[GK],11+1=12	3级
69	12	-ee=指人[L],9+3=12	3级
70	11	-ancy=表示状态,性质[L],5+6=11	3级
71	11	-eer=指人[F],5+6=11	3级
72	11	-hood=-heid=表示状态,性质[OE],10+1=11	3级
73	10	-ard=表示过于……人[L],7+3=10	3级
74	10	-ior=较……的,属于……的人[L],9+1=10	3级
75	9	-etic=表示属于……的[GK],9+0=9	3级
76	9	-ician=表示人,……(专)家,……员[F],7+2=9	3级
77	9	-arian=……的,……人[L],4+5=9	3级
78	9	-atory=有……性质的,属于……的,场所[L],5+4=9	3级
79	8	-ise=表示实行,受……支配[F],5+3=8	3级
80	8	-o=音乐术语及乐器名称,人,物,抽象名词[L],6+2=8	3级
81	8	-ot=表示具有……特征的人,小[F],6+2=8	3级
82	8	-some=倾向于，导致[OE],3+5=8	3级
83	8	-end=-enda(-a表复数)表示受到某种对待的人或物[L],4+4=8	3级
84	7	-ster=……人[ME],4+3=7	2级
85	6	-itious=有……性质的,属于……,具有……的[L],3+3=6	2级
86	6	-itis=炎症[GK],0+6=6	2级
87	6	-ward=表示向……[OE],6+0=6	2级
88	6	-cy=表示情况,状态[L],4+2=6	2级
89	6	-let=小的……[L],4+2=6	2级
90	6	-ast=与……相关的人[GK],5+1=6	2级
91	5	-aneous=有……特征的,属于……的[L],3+2=5	2级
92	5	-dom=状态或领域[OE],4+1=5	2级
93	5	-ern=……方向的,……性质的,场所,地点[OE],4+1=5	2级
94	5	-ivity=表示性质,状态[L],3+2=5	2级
95	5	-ling=小的(人或动物)[L],3+2=5	2级
96	5	-sis=行动，结果[GK],2+3=5	2级
97	5	-ier=从事……的人,与……有关的人[F],3+2=5	2级
98	4	-ace=与……相关的事物[F],3+1=4	1级
99	4	-eur=表示人或物[L],2+2=4	1级
100	4	-men=抽象名词的后缀[L],2+2=4	1级
101	4	-oma=-omat=名词后缀[GK],4+0=4	1级
		合计构词数：5711	

第九章 42个常用后缀构词汇总表

说明：构词在 100 个及以上的，其能产性定为 5 级；构词在 99~40 个，其能产性定为 4 级；构词在 39~8 个的，其能产性定为 3 级；构词在 7~5 个的，其能产性定为 2 级；构词 4 个及以下的，其能产性定为 1 级。本汇总表只收录构词达 30 个及以上的后缀，共 42 个。

后缀构词成词使用频率等级也分为 5 个等级，使用频率在 10 万以上的为 5 级（最常用），1 万~9.9999 万为 4 级（较常用），2000~9999 的为 3 级（常用），1000~1999 的为 2 级（不常用），1000 以下的为 1 级（罕用）。本汇总表只收录使用频率在 1000 及以上的后缀构成词。

1 *-ion=-tion=-ition=-ation= 表示动作或状态，物 [L]，[能产性等级：5]

序号	单词	前缀及语源	词根及语源	BNC 频率	COCA 频率	频率均值	多后缀构词中的其他后缀
1	national		nat=nasc=naiss=naiv=to be born [L]	36716	216431	126574	-al=表示……的，状况，人
2	million		mill=thousand [L]	23707	194568	109138	
3	information	in-=into [L]	form=to form [L]	37862	168187	103025	
4	position		pos=post=pon=pound=to put,place [L]	22414	69016	45715	
5	action		act=ag=ig=to do,to drive [L]	21476	66451	43964	
6	attention	at-=ad-=to [L]	tend=tent=tens=to stretch [L]	13190	73939	43565	

续表

序号	单词	前缀及语源	词根及语源	BNC 频率	COCA 频率	频率均值	多后缀构词中的其他后缀
7	nation		nat=nasc=naiss=naiv=to be born [L]	4261	80247	42254	
8	situation		situ=a place,position,location,situation [L]	15573	65232	40403	
9	relationship	re-=again,against,back [L]	lat=to carry,to bear [L]	12596	68164	40380	-ship=表示关系,状态,性质,某种技能,职位,资格
10	decision	de-=down,from,away,off [L]	cis=cid=cas=chis=to cut [L]	16303	62482	39393	
11	union		un=one [L]	16856	58786	37821	
12	administration	ad-=to [L]	minister=ministrat=to serve [L]	6462	69090	37776	
13	population		popul=publ=people [L]	12859	59905	36382	
14	television	tele-=far off [GK]	vis=vid=vic=view=voy=vey=vei=vy=vi=ud=to look,to see [L]	9626	53089	31358	
15	association	as-=ad-=to [L]	soci=join [L]	11719	50338	31029	
16	section		sect=to cut [L]	18197	43801	30999	
17	production	pro-=forward,before,in favor of,in place of [L]	duc=duct=du=to lead [L]	15313	44719	30016	
18	traditional		trad=delivery,a handing down [L]	9599	49142	29371	-al=表示……的,状况,人
19	addition	ad-=to [L]	d=dare=to put [L]	9842	48737	29290	

续表

序号	单词	前缀及语源	词根及语源	BNC频率	COCA频率	频率均值	多后缀构词中的其他后缀
20	organization		organ=organ,instrument,tool [GK]	6141	51932	29037	-ize=表示实行,受……支配
21	region	pro-=forward,before,in favor of,in place of [L]	reg=reig=to rule [L]	9697	45524	27611	
22	professional		fa=fam=fat=fess=to say [L]	10842	43924	27383	-al=表示……的,状况,人
23	election	e-=ex-=out [L]	lect=leg=lig=leag=to gather,to choose,to send,to read,law [L]	9240	40625	24933	
24	station		sist=st=stat=stit=stant=stin=to stand [L]	9782	39062	24422	
25	collection	col-=com-=together [L]	lect=leg=lig=leag=to gather,to choose,to send,to read,law [L]	7670	37620	22645	
26	version		vert=vers=to turn [L]	7813	37361	22587	
27	direction	dis-=dif-=di-=apart,away,not,undo,lack of [L]	rect=reg=rig=to set right,rectify [L]	8421	34578	21500	
28	mission		mit=miss=mis=mess=to send [L]	2547	40088	21318	
29	commission	com-=together [L]	mit=miss=mis=mess=to send [L]	10191	32440	21316	
30	discussion	dis-=dif-=di-=apart,away,not,undo,lack of [L]	cuss=to strike,to shake [L]	8356	33945	21151	
31	investigation	in-=in,into [L]	vestig=to track,trace [L]	4975	37305	21140	

续表

序号	单词	前缀及语源	词根及语源	BNC 频率	COCA 频率	频率均值	多后缀构词中的其他后缀
32	additional	ad-=to [L]	d=dare=to put [L]	7233	34353	20793	-al=表示……的,状况,人
33	vision		vis=vid=vic=view=voy=vey=vei=vy=vi=ud=to look,to see [L]	4066	37199	20633	
34	generation		gen=gn=gener=birth,race,produce [L]	4796	35270	20033	
35	opinion		opin=think,judge [L]	7287	32486	19887	
36	operation		oper=to work,riches [L]	9827	29912	19870	
37	competition	com-=together [L]	pet=peat=pit=to seek,to rush,to strive [L]	9264	29956	19610	
38	protection	pro-=forward,before,in favor of,in place of [L]	tect=teg=to cover [L]	7831	31141	19486	
39	foundation		found=fund=to base,to establish [L]	3681	34863	19272	
40	division	dis-=dif-=di-=apart,away,not,undo,lack of [L]	vis=vid=vic=view=voy=vey=vei=vy=vi=ud=to look,to see [L]	8840	29257	19049	
41	function		funct=perform [L]	8516	29555	19036	
42	condition	con-=com-=together [L]	dict=dic=to say,to proclaim,to allot [L]	8166	28624	18395	
43	educational	e-=ex-=out [L]	duc=duct=du=to lead [L]	5785	30843	18314	-al=表示……的,状况,人

续表

序号	单词	前缀及语源	词根及语源	BNC频率	COCA频率	频率均值	多后缀构词中的其他后缀
44	construction	con-=com-=together [L]	struct=stru=to build [L]	6160	29979	18070	
45	conversation	con-=com-=together [L]	vert=vers=to turn [L]	5124	30332	17728	
46	opposition	ob-=oc-=of-=op-=os-=o-=to,against,over,intensive,in front of [L]	pos=post=pon=pound=to put,place [L]	8617	25387	17002	
47	intervention	inter-=between [L]	vent=ven=to come [L]	3148	29330	16239	
48	religion	re-=again,against,back [L]	lig=li=ly=to bind,to tie [L]	4305	27468	15887	
49	solution		solv=solu=solut=to free,relax [L]	6734	24294	15514	
50	legislation		lect=leg=lig=leag=to gather,to choose,to send,to read,law;lat=to carry,to bear* [L][L]	6829	23979	15404	-is=性质,情况
51	tradition		trad=delivery,a handing down [L]	4954	25604	15279	
52	instruction	in-=on [L]	struct=stru=to build [L]	2273	28209	15241	
53	expression	ex-=out [L]	press=to press [L]	7177	22260	14719	
54	location		loc=to put,place [L]	3843	24624	14234	

续表

序号	单词	前缀及语源	词根及语源	BNC频率	COCA频率	频率均值	多后缀构词中的其他后缀
55	mention		ment=mens=think,mind [L]	4457	23964	14211	
56	option		opt=to wish,to choose [L]	5255	22883	14069	
57	reaction	re-=again,against,back [L]	act=ag=ig=to do,to drive [L]	5385	22750	14068	
58	communication	com-=together [L]	mun=public,share,service,duty,function [L]	6043	21805	13924	-ic=表示……的
59	connection	con-=com-=together [L]	nect=nex=to bind [L]	4900	21928	13414	
60	application	ap-=ad-=to [L]	ply=plic=pli=plex=ple=plo=to fold [L]	9801	16267	13034	
61	notion		not=to mark,observe,know [L]	3560	21847	12704	
62	motion		mob=mov=mot=to move [L]	4480	20696	12588	
63	institution	in-=in,on [L]	sist=st=stat=stit=stant=stin=to stand [L]	4844	19708	12276	
64	revolution	re-=again,against,back [L]	volv=volu=to roll,to turn [L]	19029	4521	11775	
65	combination	com-=together [L]	bin=twofold [L]	4344	19072	11708	
66	immigration	in-=im=into,in [L]	migr=to move [L]	1048	21937	11493	
67	conclusion	con-=com-=together [L]	clud=clus=clos=claus=to shut [L]	4969	17434	11202	
68	creation		creat=to make [L]	4602	17788	11195	

续表

序号	单词	前缀及语源	词根及语源	BNC频率	COCA频率	频率均值	多后缀构词中的其他后缀
69	constitution	con-=com-=together [L]	sist=st=stat=stit=stant=stin=to stand [L]	3684	18664	11174	
70	selection	se-=sed-=away,apart,aside [L]	lect=leg=lig=leag=to gather,to choose, to send,to read,law [L]	5916	16195	11056	
71	distribution	dis-=dif-=di-=apart,away,not,undo,lack of [L]	tribut=to give,to pay [L]	6202	15753	10978	
72	recognition	re-=again,against,back [L]; co-=com-=together* [L][L]	gnor=gnos=gn=n=to know [L]	5668	16262	10965	
73	convention	con-=com-=together [L]	vent=ven=to come [L]	3409	18358	10884	
74	depression	de-=down,from,away,off [L]	press=to press [L]	2224	19157	10691	
75	session		sess=sid=sed=to sit [L]	4243	16708	10476	
76	resolution	re-=again,against,back [L]	solv=solu=solut=to free,relax [L]	3534	17357	10446	
77	introduction	intro-=inward [L]	duc=duct=du=to lead [L]	6511	13989	10250	
78	definition	de-=down,from,away,off [L]	fin=end,limit [L]	4762	15369	10066	
79	relation	re-=again,against,back [L]	lat=to carry,to bear [L]	7384	12002	9693	

续表

序号	单词	前缀及语源	词根及语源	BNC 频率	COCA 频率	频率均值	多后缀构词中的其他后缀
80	explanation	ex-=out [L]	plain=flat,find fault,lament [L]	4592	14779	9686	
81	interpretation	inter-=between [L]	pret=to trafffic in, sell	4286	14557	9422	
82	reduction	re-=again,against,back [L]	duc=duct=du=to lead [L]	4738	14016	9377	
83	conventional	con-=com-=together [L]	vent=ven=to come [L]	3840	14898	9369	-al=表示……的,状况,人
84	transition	trans-=tran-=tra-=across,over,beyond [L]	it=i=to go [L]	2300	16424	9362	
85	description	de-=down,from,away,off [L]	scrib=script=to write [L]	4993	13490	9242	
86	coalition	co-=com-=together [L]	ult=olescent=alit=to grow up [L]	2227	16223	9225	
87	conservation	con-=com-=together [L]	serv=to serve,to keep [L]	3921	14524	9223	
88	interaction	inter-=between [L]	act=ag=ig=to do,to drive [L]	16135	2277	9206	
89	edition	e-=ex-=out [L]	dot=don=dow=dos=dat=dit=to give [L]	2441	15746	9094	
90	reputation	re-=again,against,back [L]	put=to think,count [L]	3599	14362	8981	
91	evaluation	e-=ex-=out [L]	val=vail=worth,strong [L]	2791	15140	8966	
92	exhibition	ex-=out [L]	hab=habit=hib=to live,to hold,to have,to display [L]	5357	12071	8714	

续表

序号	单词	前缀及语源	词根及语源	BNC频率	COCA频率	频率均值	多后缀构词中的其他后缀
93	impression	in-=im-=on [L]	press=to press [L]	4064	13073	8569	
94	transportation	trans-=tran-=tra-=across,over,beyond [L]	port=to carry [L]	548	16558	8553	
95	pollution	por-=before	lut=make dirty[L]	4056	12786	8421	
96	constitutional	con-=com-=together [L]	sist=st=stat=stit=stant=stin=to stand [L]	2833	13883	8358	-al=表示……的,状况,人
97	expansion	ex-=out [L]	pand=pans=to spread out [L]	3497	13122	8310	
98	championship		camp=campus=field [L]	3293	13107	8200	-ship=表示关系,状态,性质;某种技能,职位,资格
99	passion		path=pat=pass=to feel,to suffer [GK]	2176	14222	8199	
100	satisfaction		sat=satis=satur=set=enough,full;fect=fact=to make,to do,to like* [L][L]	2730	13622	8176	
101	provision	pro-=forward,before,in favor of,in place of [L]	vis=vid=vic=view=voy=vey=vei=vy=vi=ud=to look,to see [L]	8670	7662	8166	
102	inflation	in-=in [L]	flat=to blow,bring together [L]	4316	11774	8045	
103	preparation	pre-=before,beforehand,in front [L]	par=pear=pair=peer=pir=arrange,appear,produce,equal [L]	3260	12775	8018	

续表

序号	单词	前缀及语源	词根及语源	BNC频率	COCA频率	频率均值	多后缀构词中的其他后缀
104	occasion	ob-=oc-=of-=op-=os-=o-=to,against,over,intensive,in front of [L]	cas=cid=cad=to fall [L]	5115	10880	7998	
105	consideration	con-=com-=together [L]	sider=star [L]	5369	10598	7984	
106	infection	in-=into [L]	fect=fact=fict=fair=fic=fit=feit=fac=fec=feas=feat=to make,to do,to like [L]	2685	13233	7959	
107	destruct	de-=down,from,away,off [L]	struct=stru=to build [L]	2280	13559	7920	
108	*perception	per-=through,thoroughly,falsely,to destruct [L]	cept=cap=capt=ceiv=ceit=cip=cup=to take,to seize,head [L]	2143	13629	7886	
109	cooperation	co-=com-=together [L]	oper=to work,riches [L]	1280	14355	7818	
110	contribution	con-=com-=together [L]	tribut=to give,to pay [L]	5265	10320	7793	
111	prevention	pre-=before,beforehand,in front [L]	vent=ven=to come [L]	1533	13957	7745	
112	formation		form=to form [L]	3870	11549	7710	
113	institutional	in-=in,on [L]	sist=st=stat=stit=stit=stant=stin=to stand [L]	1951	13436	7694	-al=表示……的,状况,人

续表

序号	单词	前缀及语源	词根及语源	BNC频率	COCA频率	频率均值	多后级构词中的其他后缀
114	identification		ident=same;fect=fact=fict=fair=fic fit=feit=fac=fec=feas=feat=to make, to do,to like* [L][L]	2180	13132	7656	
115	imagination		image=imagin=copy [L]	2459	12787	7623	
116	evolution	e-=ex-=out [L]	volv=volu=to roll,to turn [L]	2460	12643	7552	
117	fiction		fict=fig=disguise,deceive,form [L]	1927	13126	7527	
118	tension		tend=tent=tens=to stretch [L]	3130	11854	7492	
119	consumption	con-=com-=together [L]	sum=sumpt=to take,to use,to waste [L]	3217	11700	7459	
120	motivation		mob=mov=mot=to move [L]	1498	13084	7291	
121	observation	ob-=oc-=of-=op-=os-=o-=to,against,over, intensive,in front of [L]	serv=to serve,to keep [L]	2777	11711	7244	-ive=-ative= -itive=表示有……性质的,人或物
122	champion		camp=campus=field [L]	3315	11164	7240	
123	recession	re-=again,against,back [L]	ced=cess=ceed=ceas=go,let go [L]	3661	10810	7236	
124	corporation		corpor=corp=body [L]	3454	10889	7172	

续表

序号	单词	前缀及语源	词根及语源	BNC频率	COCA频率	频率均值	多后缀构词中的其他后缀
125	exception	ex-=out [L]	cept=cap=capt=ceiv=ceit=cip=cup=to take,to seize,head [L]	2869	11473	7171	
126	profession	pro-=forward,before,in favor of,in place of [L]	fa=fam=fat=fess=to say [L]	3007	11132	7070	
127	regulation		reg=reig=to rule [L]	2531	11231	6881	
128	vacation		vac=vas=empty,desolate [L]	287	13439	6863	
129	representation	re-=again,against,back,pre-=before,beforehand,in front* [L]	s=esse=to be [L]	3583	10057	6820	-ent=表示具有……性质的,人
130	distinction	dis-=dif=di-=apart,away,not,undo,lack of [L]	stinct=sting=stig=sti=to prick,to bind [L]	4067	9514	6791	
131	discrimination	dis-=dif=di-=apart,away,not,undo,lack of [L]	crim=crimin=crime,guilty,to separate [L]	1967	11194	6581	
132	presentation	pre-=before,beforehand,in front [L]	s=esse=to be [L]	3119	10022	6571	-ent=表示具有……性质的,人

续表

序号	单词	前缀及语源	词根及语源	BNC频率	COCA频率	频率均值	多后缀构词中的其他后缀级
133	occasional	ob-=oc-=of-=op-=os-=o-=to,against,over,intensive,in front of [L]	cas=cid=cad=to fall [L]	2520	10617	6569	-al=表示……的,状况,人
134	extension	ex-=out [L]	tend=tent=tens=to stretch [L]	3438	9659	6549	
135	publication		popul=publ=people [L]	3655	9420	6538	-ic=表示……的
136	concentration	con-=com-=together [L]	centr=center [L]	3830	9161	6496	
137	intention	in-=into [L]	tend=tent=tens=to stretch [L]	4607	8225	6416	
138	invasion	in-=into [L]	vad=vas=to go [L]	1861	10928	6395	
139	permission	per-=through,thoroughly,falsely,to destruct [L]	mit=miss=mis=mess=to send [L]	3131	9361	6246	
140	orientation		ori=rise,begin [L]	1020	11421	6221	-ent=表示具有……性质的,人
141	composition	com-=together [L]	pos=post=pon=pound=to put,place [L]	2281	10075	6178	
142	confusion	con-=com-=together [L]	fus=fut=fund=found=pour [L]	2771	9542	6157	
143	reflection	re-=again,against,back [L]	flect=flex=bend [L]	1927	10192	6060	
144	pension		pend=pens=pond=penc=to hang,to weigh,to pay,to consider [L]	4402	7209	5806	
145	nationwide		nat=nasc=naiss=naiv=to be born [L]	851	10655	5753	

续表

序号	单词	前缀及语源	词根及语源	BNC频率	COCA频率	频率均值	多后缀构词中的其他后缀
146	occupation	ob-=oc-=of-=op-=os-=o-=to,against,over,intensive,in front of [L]	cept=cap=capt=ceiv=ceit=cip=cup=to take,to seize,head [L]	2182	9173	5678	
147	compensation	com-=together [L]	pend=pens=pond=penc=to hang,to weigh,to pay,to consider [L]	3066	8264	5665	
148	assumption	as-=ad-=to [L]	sum=sumpt=to take,to use,to waste [L]	3032	8146	5589	
149	frustration		frustr=in vain [L]	1307	9855	5581	
150	prosecution	pro-=forward,before,in favor of,in place of [L]	sequ=secut=su=to follow [L]	2065	9085	5575	
151	radiation		rad=ray [L]	1669	9345	5507	
152	transformation	trans-=tran-=tra-=across,over,beyond [L]	form=to form [L]	1698	9193	5446	
153	variation		var=change [L]	2673	8212	5443	
154	admission	ad-=to [L]	mit=miss=mis=mess=to send [L]	2229	8542	5386	
155	explosion	ex-=out [L]	plaud=plaus=plod=plos=plex=to strike [L]	1600	9058	5329	
156	illustration	in-=il-=into,in [L]	lucid=lust=luc=lus=lux=clear,bright [L]	1120	9529	5325	
157	celebration		celebr=honor [L]	1202	9327	5265	
158	commissioner	com-=together [L]	mit=miss=mis=mess=to send [L]	1433	9072	5253	-er=表示人或物
159	innovation	in-=in [L]	nov=new [L]	1683	8819	5251	

续表

序号	单词	前缀及语源	词根及语源	BNC频率	COCA频率	频率均值	多后缀构词中的其他后缀
160	indication	in-=in,to [L]	dict=dic=to say,to proclaim,to allot [L]	2299	8121	5210	
161	corruption	cor-=com-=together [L]	rupt=to break [L]	1356	9057	5207	
162	inspiration	in-=into [L]	spir=breathe,coil [L]	1307	8989	5148	
163	determination	de-=down,from,away,off [L]	termin=end,limit,boundary [L]	2719	7558	5139	
164	revolutionary	re-=again,against,back [L]	volv=volu=to roll,to turn [L]	2338	7877	5108	-ary=表示……的,人
165	adoption	ad-=to [L]	opt=to wish,to choose [L]	1532	8565	5049	
166	separation	se-=sed-=away,apart,aside [L]	par=pear=pair=peer=per=pir=arrange,appear,produce,equal [L]	1821	8231	5026	
167	promotion	pro-=forward,before,in favor of,in place of [L]	mob=mov=mot=to move [L]	3236	6800	5018	
168	isolation		insul=isol=island [L]	1839	8174	5007	
169	nutrition		nutri=nourish [L]	503	9423	4963	
170	obligation	ob-=oc-=of-=op-=os-=o-=to,against,over,intensive,in front of [L]	lig=li=ly=to bind,to tie [L]	2186	7565	4876	
171	possession		pot=poss=pow=powerful,capable of;est=ess=ent=to be* [L][L]	3097	6603	4850	
172	conviction	con-=com-=intensive [L]	vict=vinc=to conquer,to show [L]	1977	7695	4836	

续表

序号	单词	前缀及语源	词根及语源	BNC频率	COCA频率	频率均值	多后缀构词中的其他后缀
173	transmission	trans-=tran-=tra-=across,over,beyond [L]	mit=miss=mis=mess=to send [L]	1456	8097	4777	
174	reception	re-=again,against,back [L]	cept=cap=capt=ceiv=ceit=cip=cup=to take,to seize,head [L]	2334	6908	4621	
175	prescription	pre-=before,beforehand,in front [L]	scrib=script=to write [L]	654	8408	4531	
176	acquisition	ac-=ad-=to [L]	quir=quisit=quest=quer=quist=to seek,to ask [L]	2607	6375	4491	
177	collaboration	col-=com-=together [L]	labor=to work [L]	1318	7657	4488	
178	dimension	dis-=dif-=di-=apart,away,not,undo,lack of [L]	meas=mens=to measure [L]	1591	7345	4468	
179	*medication		med=to heal,to attend to [L]	482	8402	4442	-ic=表示……的
180	rational		rat=to reckon [L]	2283	6578	4431	-al=表示……的,状况,人
181	*equation		equ=iqu=equal,same [L]	2441	6233	4337	
182	inspection	in-=into [L]	spect=spec=spic=spi=spy=to look,to see [L]	1911	6763	4337	
183	migration		migr=to move [L]	1317	7221	4269	
184	civilization		civ=citizen [L]	707	7787	4247	-ize=表示实行,支配;受……支配

续表

序号	单词	前缀及语源	词根及语源	BNC频率	COCA频率	频率均值	多后缀构词中的其他后缀
185	invitation	de-=intensive [L]	clar=clair=clear [L]	1800	6683	4242	
186	declaration	de-=intensive [L]	clar=clair=clear [L]	1917	6303	4110	
187	federation		fid=feder=fi=fy=feal=to trust [L]	2045	6153	4099	
188	liberation		liber=libr=to weigh,to balance,free [L]	1706	6381	4044	
189	appreciation	ap-=ad-=to [L]	preci=prais=pris=priz=price [L]	1283	6734	4009	
190	demonstration	de-=thoroughly,completely [L]	monstr=to show [L]	1791	6176	3984	
191	companion	com-=together [L]	pan=bread [L]	1560	6378	3969	
192	inclusion	in-=in [L]	clud=clus=clos=claus=to shut [L]	1140	6759	3950	
193	fraction		fract=frag=fra=fring=to break [L]	1443	6361	3902	
194	conversion	con-=com-=together [L]	vert=vers=to turn [L]	2101	5680	3891	
195	aggression	ag-=ad-=to [L]	gress=grad=gred=to go [L]	1219	6507	3863	
196	graduation		gress=grad=gred=to go [L]	163	7492	3828	
197	restoration	re-=again,against,back [L]	stor=to set up [L]	1900	5636	3768	
198	violation		viol=to treat with violence,outrage,dishonor [L]	461	7068	3765	

续表

序号	单词	前缀及语源	词根及语源	BNC频率	COCA频率	频率均值	多后缀构词中的其他后缀
199	destination	de-=thoroughly,completely [L]	sist=st=stat=stit=stant=stin=to stand [L]	1090	6410	3750	
200	suspicion	sub-=suf-=sug-=sum-=sup-=sur-=sus-=su-=under,incompletely,further [L]	spect=spec=spic=spi=spy=to look,to see [L]	1544	5835	3690	
201	*proposition	pro-=forward,before,in favor of,in place of [L]	pos=post=pon=pound=to put,place [L]	1379	5922	3651	
202	registration		gest=ger=gist=carry,bear [L]	2168	5100	3634	
203	translation	trans-=tran-=tra-=across,over,beyond [L]	lat=to carry,to bear [L]	1407	5854	3631	
204	occupational	ob-=oc-=of-=op-=os-=o-=to,against,over,intensive,in front of [L]	cept=cap=capt=ceiv=ceit=cip=cup=to take,to seize,head [L]	1737	5358	3548	-al=表示……的,状况,人
205	execution	ex-=intensive [L]	sequ=secut=su=to follow [L]	1343	5662	3503	
206	duration		dur=to last [L]	1818	5182	3500	
207	consultation	con-=com-=together [L]	sult=sul=sel=to call together,take advice [L]	2571	4397	3484	

续表

序号	单词	前缀及语源	词根及语源	BNC频率	COCA频率	频率均值	多后缀构词中的其他后缀
208	attraction	at-=ad-=to [L]	tract=tra=treat=to draw [L]	1449	5480	3465	
209	installation			1244	5680	3462	
210	*jurisdiction		jur=to swear,law;dict=dic=to say,to proclaim,to allot* [L][L]	1861	4998	3430	
211	auction		auct=auth=auxili=to increase,to help [L]	1297	5526	3412	
212	caution		cau=to take care [L]	1285	5536	3411	
213	sensation		sent=sens=to feel [L]	1362	5409	3386	
214	conception	con-=com-=together [L]	cept=cap=capt=ceiv=ceit=cip=cup=to take,to seize,head [L]	1816	4897	3357	
215	suspension	sub-=suf=sug-=sum-=sup-=sur-=sus-=su-=under,incompletely,further [L]	pend=pens=pond=penc=to hang,to weigh,to pay,to consider [L]	1393	5279	3336	
216	rejection	re-=again,against,back [L]	ject=jac=jet=to throw [L]	1388	5279	3334	
217	preservation	pre-=before,beforehand,in front [L]	serv=to serve,to keep [L]	1113	5466	3290	
218	supervision	super-=supr-=sopr-=sov-=over,above,beyond [L]	vis=vid=vic=view=voy=vey=vei=vy=vi=ud=to look,to see [L]	1663	4913	3288	

续表

序号	单词	前缀及语源	词根及语源	BNC频率	COCA频率	频率均值	多后缀构词中的其他后缀
219	*regression	re-=again,against,back [L]	gress=grad=gred=to go [L]	665	5908	3287	
220	*litigation		lit=dispute;act=ag=ig=to do,to drive* [L] [L]	828	5668	3248	
221	optional		opt=to wish,to choose [L]	946	5542	3244	-al=表示……的,状况,人
222	mansion		man=main=mn=to flow,to stay [L]	655	5814	3235	
223	illusion	in-=il-=on [L]	lud=lus=to laugh,to play [L]	885	5555	3220	
224	accommodation	ac-=ad-=to;com-=together* [L][L]	mod=fit,manner,kind,measure,change [L]	4300	2134	3217	
225	*operational		oper=to work,riches [L]	1628	4766	3197	-al=表示……的,状况,人
226	confrontation	con-=com-=together [L]	front=face,forehead [L]	973	5401	3187	
227	recreation	re-=again,against,back [L]	creat=to make [L]	887	5480	3184	
228	*evolutionary	e-=ex-=out [L]	volv=volu=to roll,to turn [L]	1071	5278	3175	-ary=表示……的,人
229	addiction	ad-=to [L]	dict=dic=to say;to proclaim,to allot [L]	557	5775	3166	
230	circulation		circ=cyc=cycl=round [L]	1484	4839	3162	
231	passionate		path=pat=pass=to feel,to suffer [GK]	888	5317	3103	-ate=表示有……性质的,人,使之成……

续表

序号	单词	前缀及语源	词根及语源	BNC频率	COCA频率	频率均值	多后缀构词中的其他后缀
232	exceptional	ex-=out [L]	cept=cap=capt=ceiv=ceit=cip=cup=to take,to seize,head [L]	1705	4421	3063	-al=表示……的,状况,人
233	invention	in-=on [L]	vent=ven=to come [L]	1020	5095	3058	
234	confirmation	con-=com-=intensive [L]	firm=strong [L]	1129	4970	3050	
235	precision	pre-=before,beforehand,in front [L]	cis=cid=cas=chis=to cut [L]	1157	4918	3038	
236	compassion	com-=together [L]	pass=stride,step [L]	611	5451	3031	
237	expectation	ex-=out [L]	spect=spec=spic=spi=spy=to look,to see [L]	1280	4688	2984	
238	revelation	re-=again,against,back [L]	vel=veal=veil [L]	897	5068	2983	
239	affection	af-=ad-=to [L]	fect=fact=fict=fair=fic=fit=feit=fac=fec=feas=feat=to make,to do,to like [L]	1315	4642	2979	
240	transaction	trans-=tran-=tra-=across,over,beyond [L]	act=ag=ig=to do,to drive [L]	2248	3705	2977	
241	resignation	re-=again,against,back [L]	sign=to mark,to sign [L]	1962	3947	2955	
242	recommendation	=again,against,back;com-=intensive* [L][L]re-	mand=mend=to order,to entrust [L]	1367	4507	2937	

续表

序号	单词	前缀及语源	词根及语源	BNC频率	COCA频率	频率均值	多后缀构词中的其他后缀
243	classification		fect=fact=fict=fair=fic=fit=feit=fac=fec=feas=feat=to make,to do,to like [L]	1650	4201	2926	
244	salvation		salv=sav=safe [L]	1099	4718	2909	
245	negotiation		neg=to deny [L]	1146	4612	2879	
246	expedition	ex-=out [L]	ped=pod=pus=peach=patch=fet=foot,child [L][GK]	1018	4656	2837	
247	congregation	con-=com-=together [L]	greg=flock,mob [L]	943	4688	2816	
248	reservation	re-=again,against,back [L]	serv=to serve,to keep [L]	613	4971	2792	
249	vegetation		vig=veg=to live,lively [L]	1027	4472	2750	
250	erosion	e-=ex-=out [L]	rod=ros=to gnaw [L]	1211	4217	2714	
251	succession	sub-=suf-=sug-=sum-=sup-=sur-=sus-=su-=under,incompletely,further [L]	ced=cess=ceed=ceas=go,let go [L]	1821	3592	2707	
252	additionally	ad-=to [L]	d=dare=to put [L]	564	4798	2681	-al=表示……的;状况,人;-ly=表示……地,像...的*
253	criterion		cris=crit=judge,discern [L]	1299	4041	2670	
254	aviation		avi=au=bird [L]	949	4370	2660	-er=表示人或物

续表

序号	单词	前缀及语源	词根及语源	BNC频率	COCA频率	频率均值	多后缀构词中的其他后缀
255	*reconciliation	re-=again,against,back;con-=com-=together* [L][L]	cil=to call [L]	712	4582	2647	
256	prediction	pre-=before,beforehand,in front [L]	dict=dic=to say,to proclaim,to allot [L]	748	4536	2642	
257	exclusion	ex-=out [L]	clud=clus=clos=claus=to shut [L]	1449	3811	2630	
258	delegation	de-=down,from,away,off [L]	lect=leg=lig=leg=to gather,to choose,to send,to read,law [L]	1486	3747	2617	
259	adaptation	ad-=to [L]	apt=ept=att=to fit [L]	770	4364	2567	
260	ambition	ambi-=amb-=around,both [L]	it=i=to go [L]	1282	3797	2540	
261	conjunction	con-=com-=together [L]	junct=join=jug=to bind,to join [L]	1459	3522	2491	
262	tuition		tu=to guard,to look after [L]	457	4524	2491	
263	correction	cor-=com-=together [L]	rect=reg=rig=to set right,rectify [L]	645	4297	2471	
264	*retention	re-=again,against,back [L]	tain=ten=tin=to hold [L]	813	4128	2471	
265	realization		re=matter,thing [L]	546	4321	2434	-ize=表示实行,受……支配
266	dictionary		dict=dic=to say,to proclaim,to allot [L]	1815	2998	2407	-ary=表示……的,人

续表

序号	单词	前缀及语源	词根及语源	BNC频率	COCA频率	频率均值	多后缀构词中的其他后缀
267	injection	in-=into [L]	ject=jac=jet=to throw [L]	996	3794	2395	
268	confession	con-=com-=together [L]	fa=fam=fat=fess=to say [L]	613	4152	2383	
269	fusion		fus=fut=fund=found=pour [L]	1183	3536	2360	
270	implication	in-=im-=in [L]	ply=plic=pli=plex=ple=plo=to fold [L]	1312	3404	2358	
271	discretion	dis-=dif-=di-=apart,away,not,undo,lack of [L]	cern=cret=creet=cre=to observe, to separate [L]	1865	2801	2333	
272	petition		pet=peat=pit=to seek, to rush,to strive [L]	1300	3304	2302	
273	anticipation	anti-=ant-=against,opposite,before [GK]	cept=cap=capt=ceiv=ceit=cip=cup=to take,to seize,head [L]	778	3776	2277	
274	allocation	al-=ad-=to [L]	loc=to put,place [L]	1821	2721	2271	
275	limitation		lim=limit=boundary,threshold [L]	915	3622	2269	
276	comprehension	com-=together [L]	prehens=prehend=pren=pregn=priev=to take,to seize [L]	600	3790	2195	
277	intersection	inter-=between [L]	sect=to cut [L]	222	4130	2176	
278	rebellion	re-=again,against,back [L]	bell=to sound,roar,beautiful,war, to swell [L]	949	3390	2170	

续表

序号	单词	前缀及语源	词根及语源	BNC频率	COCA频率	频率均值	多后缀构词中的其他后缀
279	assertion	as-=ad-=to [L]	sert=to put,join,serve [L]	833	3497	2165	
280	taxation			2479	1839	2159	
281	missionary		mit=miss=mis=mess=to send [L]	576	3709	2143	-ary=表示……的,人
282	objection	ob-=oc-=of-=op-=os-=o-=to,against,over,intensive,in front of [L]	ject=jac=jet=to throw [L]	1269	3016	2143	
283	*proliferation		prolet=proli=offspring;fer=to carry,to bear* [L][L]	728	3548	2138	
284	temptation		tempt=try [L]	1061	3162	2112	
285	perfection	per-=through,thoroughly,falsely,to destruct [L]	fect=fact=fict=fair=fic=fit=feit=fac=fec=feas=feat=to make,to do,to like [L]	697	3420	2059	
286	reunion	re-=again,against,back [L]	un=one [L]	537	3534	2036	
287	probation		prov=prob=good,to try,test [L]	655	3356	2006	
288	junction		junct=join=jug=to bind,to join [L]	1792	2162	1977	
289	irrigation	in-=ir-=into [L]	rig=to water,to moisten [L]	274	3671	1973	
290	repetition	re-=again,against,back [L]	pet=peat=pit=to seek,to rush,to strive [L]	883	3048	1966	
291	admiration	ad-=to [L]	mir=to wonder [L]	919	2974	1947	

续表

序号	单词	前缀及语源	词根及语源	BNC频率	COCA频率	频率均值	多后缀构词中的其他后缀
292	contention	con-=com-=together [L]	tend=tent=tens=to stretch [L]	680	3193	1937	
293	revision	re-=again,against,back [L]	vis=vid=vic=view=voy=vey=vei=vy=vi=ud=to look,to see [L]	1115	2736	1926	
294	devotion	de-=down,from,away,off [L]	vot=vow [L]	585	3198	1892	
295	*configuration	con-=com-=together [L]	figure=to form,shape [L]	1012	2748	1880	
296	calculation		calcul=to reckon [L]	1059	2698	1879	
297	fascination		fascin=bewitch,enchant [L]	623	3108	1866	
298	collision	col-=com-=together [L]	lid=lis=to strike [L]	618	3099	1859	
299	navigation		nav=ship;act=ag=ig=to do,to drive* [L][L]	638	2999	1819	
300	relaxation	re-=again,against,back [L]	lax=to loose [OF]	1133	2498	1816	
301	friction		fric=frict=to rub [L]	478	3050	1764	
302	*projection	pro-=forward,before,in favor of,in place of [L]	ject=jac=jet=to throw [L]	594	2883	1739	
303	stimulation		stinct=sting=stig=sti=to prick,to bind [L]	802	2673	1738	
304	elimination	e-=ex-=out [L]	limin=threshold [L]	546	2925	1736	

续表

序号	单词	前缀及语源	词根及语源	BNC频率	COCA频率	频率均值	多后缀构词中的其他后缀
305	*communion	com-=together [L]	mun=public,share,service,duty,function [L]	582	2862	1722	
306	extinction	ex-=out [L]	stinct=sting=stig=sti=to prick,to bind [L]	552	2884	1718	
307	imitation		imit=to mimic [L]	603	2832	1718	
308	emission	e-=ex-=out [L]	mit=miss=mis=mess=to send [L]	624	2787	1706	
309	*repression	re-=again,against,back [L]	press=to press [L]	671	2695	1683	-er=表示人或物
310	practitioner		pract=prag=to do,business [GK]	1077	2250	1664	
311	*segregation	se-=sed-=away,apart,aside [L]	greg=flock,mob [L]	415	2910	1663	
312	donation		dot=don=dow=dos=dat=dit=to give [L]	598	2704	1651	
313	hesitation		hes=her=to stick [L]	615	2686	1651	
314	desperation	de-=without [L]	sper=spair=hope [L]	530	2759	1645	
315	*formulation		form=to form [L]	866	2423	1645	
316	*inflammation	in-=on [L]	flam=flagr=to burn [L]	456	2831	1644	
317	insulation		insul=isol=island [L]	580	2689	1635	
318	contradiction	contra-=contro-=counter-=against [L]	dict=dic=to say,to proclaim,to allot [L]	768	2482	1625	
319	absorption	ab-=away,from,to [L]	sorb=sorpt=to suck in [L]	943	2287	1615	
320	multinational	multi-=many [L]	nat=nasc=naiss=naiv=to be born [L]	559	2667	1613	-al=表示……的,状况,人

续表

序号	单词	前缀及语源	词根及语源	BNC频率	COCA频率	频率均值	多后缀构词中的其他后缀
321	prohibition	pro-=forward,before,in favor of,in place of [L]	hab=habit=hib=to live,to hold,to have,to display [L]	592	2634	1613	
322	distraction	dis-=dif-=di-=apart,away,not,undo,lack of [L]	tract=tra=treat=to draw [L]	365	2831	1598	
323	elevation	e-=ex-=out [L]	lev=liev=raise,lift,light,smooth [L]	447	2712	1580	
324	decoration		decor=ornament [L]	925	2212	1569	
325	*battalion		bat=bet=bit=to go,to beat [GK]	473	2660	1567	
326	irrational	in-=ir-=not [L]	rat=to reckon [L]	490	2643	1567	-al=表示……的,状况,人
327	deposition	de-=down,from,away,off [L]	pos=post=pon=pound=to put,place [L]	463	2575	1519	
328	*resurrection	re-=again,against,back [L]	surg=surrect=rise [L]	459	2529	1494	-it=……人,名词后缀
329	procession	pro-=forward,before,in favor of,in place of [L]	ced=cess=ceed=ceas=go,let go [L]	694	2278	1486	
330	*animation		anim=life,mind,breath [L]	302	2665	1484	
331	*redemption	re-=again,against,back [L]	empt=em=m=ansom=to take [L]	587	2374	1481	

续表

序号	单词	前缀及语源	词根及语源	BNC 频率	COCA 频率	频率均值	多后缀构词中的其他后缀
332	submission	sub-=suf-=sug-=sum-=sup-=sur-=sus-=su-=under, incompletely,further [L]	mit=miss=mis=mess=to send [L]	1074	1869	1472	
333	prostitution	pro-=forward,before,in favor of,in place of [L]	sist=st=stat=stit=stant=stin=to stand [L]	394	2539	1467	
334	dissatisfaction	dis-=dif-=di-=apart,away,not,undo, lack of [L]	sat=satis=satur=set=enough,full;fect=fact=to make,to do,to like* [L][L]	559	2334	1447	
335	millionaire		mill=thousand [L]	389	2482	1436	
336	modernization		mod=fit,manner,kind,measure,change [L]	282	2585	1434	-ize=表示实行, 受……支配
337	irritation			639	2198	1419	
338	disposition	dis-=dif-=di-=apart,away,not,undo, lack of [L]	pos=post=pon=pound=to put,place [L]	635	2183	1409	
339	legion		lect=leg=lig=leag=to gather,to choose, to send,to read,law [L]	601	2191	1396	
340	*compassionate	com-=together	pass=stride,step	237	2537	1387	-ate=表示有……性质的,人,使之成……

续表

序号	单词	前缀及语源	词根及语源	BNC频率	COCA频率	频率均值	多后缀构词词中的其他后缀
341	concession	con-=com-=together [L]	ced=cess=ceed=ceas=go,let go [L]	691	2043	1367	
342	nationality		nat=nasc=naiss=naiv=to be born [L]	686	2008	1347	
343	deception	de-=down,from,away,off [L]	cept=cap=capt=ceiv=ceit=cip=cup=to take,to seize,head [L]	662	2020	1341	
344	diversion	dis-=dif-=di-=apart,away,not,undo,lack of [L]	vert=vers=to turn [L]	534	2141	1338	
345	*hypertension	hyper-=above,over [GK]	tend=tent=tens=to stretch [L]	361	2296	1329	
346	obstruction	ob-=oc-=of-=op-=os-=o-=to,against,over,intensive,in front of [L]	struct=stru=to build [L]	472	2153	1313	
347	motionless		mob=mov=mot=to move [L]	356	2257	1307	-less=表示无…的
348	*intuition	in-=at,on [L]	tu=to guard,to look after [L]	419	2178	1299	
349	*deviation	de-=down,from,away,off [L]	vey=voy=via=vi=to carry,way [L]	528	2037	1283	
350	congestion	con-=com-=together [L]	gest=ger=gist=carry,bear [L]	446	2110	1278	
351	visionary		vis=vid=vic=view=voy=vei=vy=vi=ud=to look,to see [L]	287	2257	1272	-ary=表示…的,人

续表

序号	单词	前缀及语源	词根及语源	BNC频率	COCA频率	频率均值	多后缀构词中的其他后缀
352	intentional	in-=into [L]	tend=tent=tens=to stretch [L]	255	2282	1269	-al=表示……的,状况,人
353	ventilation		vent=wind [L]	579	1938	1259	
354	*manifestation		manu=man=hand;fest=able to be seized,strike* [L][L]	424	2089	1257	
355	*induction	in-=into [L]	duc=duct=du=to lead [L]	687	1793	1240	
356	inclination	in-=on [L]	clin=cli=to bend [L]	498	1979	1239	
357	*faction		fect=fact=fict=fair=fic=fit=feit=fac=fec=feas=feat=to make,to do,to like [L]	683	1776	1230	
358	renovation	re-=again,against,back [L]	nov=new [L]	229	2217	1223	
359	vibration		vibr=move to and fro,quiver [L]	1976	455	1216	
360	designation	de-=down,from,away,off [L]	sign=to mark,to sign [L]	356	2062	1209	
361	vaccination		vacc=cow [L]	237	2174	1206	-ine=具有……性质的
362	*provisional	pro-=forward,before,in favor of,in place of [L]	vis=vid=vic=view=voy=vey=vei=vy=vi=ud=to look,to see [L]	893	1478	1186	-al=表示……的,状况,人
363	*notation		not=to mark,observe,know [L]	501	1805	1153	

续表

序号	单词	前缀及语源	词根及语源	BNC频率	COCA频率	频率均值	多后缀构词中的其他后缀
364	injunction	in-=on [L]	junct=join=jug=to bind,to join [L]	788	1515	1152	
365	accusation	ac-=ad-=to [L]	cuse=cause=to reason [L]	422	1839	1131	
366	dissertation	dis-=dif-=di-=apart,away,not,undo,lack of [L]	sert=to put,join,serve [L]	269	1959	1114	
367	starvation			448	1751	1100	
368	constellation	con-=com=together [L]	stell=star [L]	182	2009	1096	
369	*extraction	ex-=out [L]	tract=tra=treat=to draw [L]	554	1634	1094	
370	combustion	com=together [L]	bust=to burn [L]	323	1863	1093	
371	*coercion	co-=com=together [L]	erce=confine,contain [L]	329	1847	1088	
372	suppression	sub-=suf-=sug-=sum-=sup-=sur-=sus-=su-=under,incompletely,further [L]	press=to press [L]	477	1696	1087	
373	preoccupation	pre-=before,beforehand,in front;ob-=oc-=of-=op-=os-=o-=to,against,over,intensive,in front of * [L][L]	cept=cap=capt=ceiv=ceit=cip=cup=to take,to seize,head [L]	555	1605	1080	

续表

序号	单词	前缀及语源	词根及语源	BNC 频率	COCA 频率	频率 均值	多后缀构词中的其他后缀
374	caption		cept=cap=capt=ceiv=ceit=cip=cup=to take,to seize,head [L]	271	1867	1069	
375	persuasion	per-=through, thoroughly,falsely,to destruct [L]	suad=suas=suav=to persuade,advise [L]	514	1624	1069	
376	envision	en-=em-=in,on,cause to be,make,not,intensive [F]	vis=vid=vic=view=voy=vey=vei =vy=vi=ud=to look,to see [L]	4	2122	1063	
377	imposition	in-=im-=on [L]	pos=post=pon=pound=to put,place [L]	670	1446	1058	
378	*inception	in-=in,on [L]	cept=cap=capt=ceiv=ceit=cip=cup=to take,to seize,head [L]	286	1829	1058	
379	sensational		sent=sens=to feel [L]	444	1661	1053	-al=表示……的,状况,人
380	deduction	de-=down,from,away,off [L]	duc=duct=du=to lead [L]	403	1687	1045	
381	partition		part=to divide,a party,a part [L]	402	1681	1042	
382	*incarnation	in-=in [L]	carn=flesh [L]	283	1785	1034	
383	abolition		abol=to do away with [L]	1136	928	1032	

续表

序号	单词	前缀及语源	词根及语源	BNC频率	COCA频率	频率均值	多后缀构词中的其他后缀
384	generalization		gen=gn=gener=birth,race,produce [L]	269	1783	1026	-ize=表示实行,受……支配
385	inscription	in-=in [L]	scrib=script=to write [L]	322	1723	1023	
386	stationary		sist=st=stat=stit=stant=stin=to stand [L]	401	1633	1017	-ary=表示……的,人
387	*apprehension	ap-=ad-=to [L]	prehens=prehend=pren=pregn=priev=to take,to seize [L]	505	1521	1013	

2 * -ate= 表示有……性质的，人，使之成……[L]，[能产性等级：5]

序号	单词	前缀及语源	词根及语源	BNC频率	COCA频率	频率均值	多后缀构词中的其他后缀
1	state		sist=st=stat=stit=stant=stin=to stand [L]	37764	284413	161089	
2	private		priv=personal, separate [L]	17340	73830	45585	
3	immediately	in-=im-=not [L]	medi=middle [L]	10013	43951	26982	-ly=表示……地,像……的
4	senate		sen=old [L]	1211	43591	22401	
5	appropriate	ap-=ad-=to [L]	propr=one's own [L]	11346	31290	21318	
6	statement		sist=st=stat=stit=stant=stin=to stand [L]	9588	32428	21008	-ment=表示行为或结果

续表

序号	单词	前缀及语源	词根及语源	BNC频率	COCA频率	频率均值	多后缀构词中的其他后缀
7	separate	se-=sed-=away,apart,aside [L]	par=pear=pair=peer=per=pir=arrange,appear,produce,equal [L]	8917	29052	18985	
8	candidate		cand=cend=white,to shine,be on fire [L]	3760	26899	15330	-id=表示有……性质的
9	corporate		corpor=corp=body [L]	4469	25870	15170	
10	immediate	in-=im-=not [L]	medi=middle [L]	5898	20371	13135	
11	indicate	in-=in,to	dict=dic=to say,to proclaim,to allot	3988	21737	12863	
12	climate		clim=ladder,slop [L]	2754	21274	12014	
13	graduate		gress=grad=gred=to go [L]	1082	21366	11224	
14	appreciate	ap-=ad-=to [L]	preci=prais=pris=pric=priz=price [L]	2559	18405	10482	
15	ultimate		ultim=end [L]	2435	15827	9131	
16	complicated	com-=together [L]	ply=plic=pli=plex=ple=plo=to fold [L]	2969	15006	8988	-ed=有……的
17	participate		part=to divide,a part;a part;cept=cap=capt=ceiv=ceit=cip=cup=to take,to seize,head* [L][L]	1699	16224	8962	
18	operate		oper=to work,riches [L]	3945	13757	8851	
19	extraordinary	extra-=beyond,outside [L]	ord=ordin=ordain=to order [L]	2819	14005	8412	

续表

序号	单词	前缀及语源	词根及语源	BNC 频率	COCA 频率	频率均值	多后缀构词中的其他后缀
20	accurate	ac-=ad-=to [L]	cur-=to take care [L]	2852	13545	8199	
21	moderate		mod-=fit,manner,kind,measure,change [L]	1454	14685	8070	
22	associate	as-=ad-=to [L]	soci-=join [L]	1186	13182	7184	
23	demonstrate	de-=thoroughly, completely [L]	monstr-=to show [L]	2351	11692	7022	
24	adequate	ad-=to [L]	equ-=iqu-=equal,same [L]	3503	10473	6988	
25	desperate	de-=without [L]	sper=spair=hope [L]	2386	11319	6853	
26	legitimate		lect=leg=lig=leag=to gather,to choose,to send,to read,law; lat=to carry,to bear* [L][L]	1545	12142	6844	
27	*generate		gen=gn=gener=birth,race,produce [L]	1956	11529	6743	
28	sophisticated		soph=wise,wisdom [GK]	2411	11050	6731	-ed=有……的
29	investigate	in-=in,into [L]	vestig=to track,trace [L]	2303	10967	6635	
30	eliminate	e-=ex-=out [L]	limin=threshold [L]	1089	9979	5534	
31	communicate	com-=together [L]	mun=public,share,service,duty, function [L]	1497	9177	5337	
32	celebrate		celebr=honor [L]	1366	8935	5151	
33	concentrate	con-=com-=together [L]	centr=center [L]	2993	7173	5083	

续表

序号	单词	前缀及语源	词根及语源	BNC频率	COCA频率	频率均值	多后缀构词中的其他后缀
34	delicate	de-=down,from,away,off [L]	lic=light=lec=let=to allure,to permit [L]	1660	8337	4999	
35	negotiate		neg=to deny [L]	1269	8285	4777	
36	evaluate	e-=ex-=out [L]	val=vail=worth,strong [L]	1084	8410	4747	
37	fortunately			1584	7608	4596	-ly=表示……地,像……的
38	elaborate	e-=ex-=out [L]	labor=to work [L]	1567	7524	4546	
39	fascinating		fascin=bewitch,enchant [L]	1631	7397	4514	-ing=行为,状态,情况
40	collaboration	col-=com-=together [L]	labor=to work [L]	1318	7657	4488	-ion=-tion; =-ition=-ation=表示动作或状态,物
41	celebrated		celebr=honor [L]	1674	7256	4465	-ed=有……的
42	advocate	ad-=to [L]	voc=vok=vow=vouc=voic=call [L]	840	7773	4307	
43	inadequate	in-=not;ad-=to* [L][L]	equ=iqu=equal,same [L]	2268	6334	4301	
44	desperately	de-=without [L]	sper=spair=hope [L]	1815	6455	4135	-ly=表示……地,像……的
45	*mandate	un-=not,lack of,reverse of [E]	mand=mend=to order;to entrust [L]	612	7639	4126	
46	unfortunate		fortun=chance,fate,good luck [L]	1534	6323	3929	
47	inappropriate	in-=not;ap-=ad-=to* [L]	propr=one's own [L]	1228	6566	3897	

续表

序号	单词	前缀及语源	词根及语源	BNC 频率	COCA 频率	频率均值	多后缀构词中的其他后缀
48	accommodate	ac-=ad-=to;com-=together* [L][L]	mod=fit,manner,kind,measure,change [L]	1355	6319	3837	
49	illustrate	in-=il-=into,in [L]	lucid=lust=luc=lus=lux=clear,bright [L]	1550	5639	3595	
50	incorporate	in-=into [L]	corpor=corp=body [L]	1095	6047	3571	
51	facilitate		fect=fact=fict=fair=fic=fit=feit=fac=fec=feas=feat=to make,to do,to like [L]	1001	5928	3465	-ile=表示可……的
52	fortunate			1259	5627	3443	
53	undergraduate		gradu=step,grade [L]	617	6161	3389	
54	locate		loc=to put,place [L]	835	5877	3356	
55	separately	se-=sed-=away,apart,aside [L] 一	par=pear=pair=peer=pir=arrange,appear,produce,equal [L]	1729	4927	3328	-ly=表示……地,像……的
56	certificate		cert=sure;fect=fact=fict=fair=fic=fit=feit=fac=fec=feas=feat=to make,to do,to like* [L][L]	2842	3430	3136	
57	passionate		path=pat=pass=to feel,to suffer [GK]	888	5317	3103	-ion=-tion =-ition=-ation=表示动作或状态,物
58	dominate		domin=to rule [L]	985	5001	2993	
59	intermediate	inter-=between [L]	medi=middle [L]	1342	4013	2678	
60	integrate	in-=not [L]	tegr=to touch [L]	732	4621	2677	

续表

序号	单词	前缀及语源	词根及语源	BNC频率	COCA频率	频率均值	多后缀构词中的其他后缀
61	educate	e-=ex-=out [L]	duc=duct=du=to lead [L]	364	4841	2603	
62	regulate		reg=reig=to rule [L]	635	4506	2571	
63	stimulate		stinct=sting=stig=sti=to prick,to bind [L]	1023	3760	2392	
64	cooperate	co-=com-=together [L]	oper=to work,riches [L]	314	4364	2339	
65	tolerate		toler=to endure,to support [L]	611	4018	2315	
66	anticipate	anti-=ant-=against, opposite,before [GK]	cept=cap=capt=ceiv=ceit=cip =cup=to take,to seize,head [L]	724	3744	2234	
67	alternate		alter=the other [L]	493	3883	2188	
68	articulate		art=arthr=art,skill,joint [L]	601	3733	2167	-cle=-cul =small
69	calculate		calcul=to reckon [L]	1016	3167	2092	
70	compensate	com-=together [L]	pend=pens=pond=penc=to hang, to weigh,to pay,to consider [L]	846	3305	2076	
71	manipulate		manu=man=hand;pel=puls=peal=to drive* [L][L]	531	3353	1942	
72	intricate	in-=in [L]	tric=trig=petty obstacle [L]	513	3274	1894	
73	initiate	in-=into,in [L]	it=i=to go [L]	542	3205	1874	
74	violate		viol=to treat with violence, outrage,dishonor [L]	159	3503	1831	

续表

序号	单词	前缀及语源	词根及语源	BNC频率	COCA频率	频率均值	多后缀构词词中的其他后缀
75	navigate		nav=ship;act=ag=ig=to do,to drive* [L][L]	128	3354	1741	
76	*aggregate	ag-=ad-=to [L]	greg=flock,mob [L]	1507	1944	1726	
77	hesitate		hes=her=to stick [L]	540	2875	1708	
78	coordinate	co-=com-=together [L]	ord=ordin=ordain=to order [L]	426	2966	1696	
79	electorate	e-=ex-=out [L]	lect=leg=lig=leag=to gather,to choose,to send,to read,law [L]	1044	2302	1673	-or=表示人,器物,状态,性质
80	cultivated		cult=col=neck,to till,to inhabit,glue [L]	620	2642	1631	-ed=有……的
81	isolate		insul=isol=island [L]	407	2756	1582	
82	speculate		spect=spec=spic=spi=spy=to look,to see [L]	422	2724	1573	
83	*confederate	con-=com-=together [L]	fid=feder=fi=fy=feal=to trust [L]	45	3091	1568	
84	penetrate		penetr=to put,get into [L]	525	2378	1452	
85	motivate		mob=mov=mot=to move [L]	238	2582	1410	-ive=-ative=-itive=表示有……性质的,人或物
86	donate		dot=don=dow=dos=dat=dit=to give [L]	223	2593	1408	
87	accelerate	ac-=ad-=to [L]	celer=cel=swift,to raise [L]	413	2367	1390	

续表

序号	单词	前缀及语源	词根及语源	BNC频率	COCA频率	频率均值	多后缀构词中的其他后缀
88	*compassionate	com-=together	pass=stride,step	237	2537	1387	-ion=-tion =-ition=-ation=表示动作或状态,物
89	dictate		dict=dic=to say,to proclaim,to allot [L]	445	2287	1366	
90	calculating		calcul=to reckon [L]	633	2016	1325	-ing=行为,状态,情况
91	subordinate	sub-=suf-=sug-=sum-=sup-=sur-=sus-=su-=under, incompletely,further [L]	ord=ordin=ordain=to order [L]	849	1758	1304	
92	*differentiate	dis-=dif-=di-=apart,away,not,undo,lack of [L]	fer=to carry,to bear [L]	501	1925	1213	-ent=表示具有……性质的,人
93	*disparate	dis-=dif-=di-=apart,away,not,undo,lack of [L]	par=pear=pair=peer=per=pir=arrange, appear,produce,equal [L]	295	2051	1173	
94	*alleviate	al-=ad-=to [L]	lev=liev=raise,lift,light,smooth [L]	349	1959	1154	
95	collegiate	col-=com-=together [L]	lect=leg=lig=leag=to gather,to choose, to send,to read,law [L]	106	2172	1139	
96	pirate		per=pir=par=to try out,to risk [L]	267	1980	1124	
97	accumulate	ac-=ad-=to [L]	cumul=to heap up [L]	372	1814	1093	

续表

序号	单词	前缀及语源	词根及语源	BNC频率	COCA频率	频率均值	多后缀构词中的其他后缀
98	approximate	ap-=ad-=to [L]	proach=proxim=prop=near [L]	530	1621	1076	
99	*formulate		form=to form [L]	484	1665	1075	
100	*affiliate	af-=ad-=to [L]	fil=son,thread,foul [L]	151	1989	1070	
101	humiliating		hom=hum=man,earth[GK]	346	1750	1048	-ing=行为,状态,情况
102	*ornate		orn=to decorate [L]	315	1757	1036	
103	discriminate	dis-=dif-=di-=apart,away,not,undo, lack of [L]	crim=crimin=crime,guilty,to separate [L]	446	1619	1033	
104	decorate		decor=ornament [L]	360	1690	1025	
105	illuminate	in-=il-=into [L]	lumin=lun=to light,moon [L]	220	1829	1025	
106	cultivate		cult=col=neck,to till,to inhabit,glue [L]	280	1719	1000	-ive=-ative =-itive=表示有……性质的,人或物

3* -al=表示……的，状况，人 [L]，[能产性等级：5]

序号	单词	前缀及语源	词根及语源	BNC频率	COCA频率	频率均值	多后缀构词中的其他后缀
1	really		re=matter,thing [L]	45814	308393	177104	-ly=表示……地,像……的

序号	单词	前缀及语源	词根及语源	BNC频率	COCA频率	频率均值	多后缀构词中的其他后缀 -ion=-tion
2	national		nat=nasc=naiss=naiv=to be born [L]	36716	216431	126574	=ition=-ation=表示动作或状态,物
3	social		soci=join [L]	41255	156026	98641	
4	general		gen=gn=gener=birth,race,produce [L]	37610	135747	86679	
5	local		loc=to put,place [L]	126282	45552	85917	
6	real		re=matter,thing [L]	22277	142264	82271	
7	several		sever=serious,earnest,to cut [L]	23156	139685	81421	
8	actually		act=ag=ig=to do,to drive [L]	25221	124370	74796	-ly=表示……地,像……的
9	international	inter-=between [L]		21690	104202	62946	
10	finally		fin=end,limit [L]	12391	92976	52684	-ly=表示……地,像……的
11	federal		fid=feder=fi=fy=feal=to trust [L]	3413	94697	49055	
12	individual	in-=not;dis-=dif-=di-=apart,away,not,undo,lack of* [L][L]	vis=vid=vic=view=voy=vey=vei=vy=vi=ud=to look,to see [L]	18804	78630	48717	
13	personal			17123	76803	46963	
14	natural		nat=nasc=naiss=naiv=to be born [L]	13910	72451	43181	-ure=表示动作,过程,结果
15	usually		us=ut=to use [L]	18711	67433	43072	-ly=表示……地,像……的

续表

序号	单词	前缀及语源	词根及语源	BNC频率	COCA频率	频率均值	多后缀构词中的其他后缀
16	total		tot=entire, altogether [L]	17097	62509	39803	
17	central		centr=center [L]	18738	59668	39203	
18	final		fin=end,limit [L]	15134	56687	35911	
19	legal		lect=leg=lig=leag=to gather,to choose,to send,to read,law [L]	12803	57206	35005	
20	environmental	en-=em-=in,on,cause to be,make,not,intensive [F]	viron=a circle,circuit [L]	8319	57014	32667	-ment=表示行为或结果
21	traditional		trad=delivery,a handing down [L]	9599	49142	29371	-ion=-tion =-ition=-ation=表示动作或状态,物
22	cultural		cult=col=neck,to till,to inhabit,glue [L]	6369	50778	28574	-ure=-ature =-iture=-ture=表示动作,过程,结果
23	original		ori=rise,begin;gin=begin* [L][E]	11065	45305	28185	-ion=-tion=-ition= ation=表示动作或状态,物
24	professional	pro-=forward,before,in favor of,in place of [L]	fa=fam=fat=fess=to say [L]	10842	43924	27383	
25	global		glob=sphere [L]	3467	51129	27298	
26	capital		cept=cap=capt=ceiv=ceit=cip =cup=to take,to seize,head [L]	13191	41305	27248	
27	generally		gen=gn=gener=birth,race,produce [L]	11355	41680	26518	-ly=表示……地,像……的

续表

序号	单词	前缀及语源	词根及语源	BNC频率	COCA频率	频率均值	多后缀构词中的其他后缀
28	normal		norm=rule,standard [L]	12051	40982	26517	
29	sexual			6734	46206	26470	
30	eventually	e-=ex-=out [L]	vent=ven=to come [L]	8781	39544	24163	-ly=表示……地，像……的
31	reality		re=matter,thing [L]	6333	38766	22550	-ity=-ty=表示特性，状态
32	journal		journ=day [L]	2333	41479	21906	
33	additional	ad-=to [L]	d=dare=to put [L]	7233	34353	20793	-ion=-tion =-ition=-ation=表示动作或状态,物
34	annual		ann=en=year [L]	7981	33165	20573	
35	mental		ment=mens=think,mind [L]	5684	34454	20069	
36	moral		mor=disposition,custom,stupid [L]	5236	33072	19154	
37	educational	e-=ex-=out [L]	duc=duct=du=to lead [L]	5785	30843	18314	-ion=-tion =-ition=-ation=表示动作或状态,物
38	industrial	indi=indu=within;struct=stru=to build* [L] [L]		11283	23979	17631	
39	animal		anim=life,mind,breath [L]	6587	28087	17337	
40	internal		interm=inner,within,internal [L]	6562	27985	17274	
41	initial	in-=into,in [L]	it=i=to go [L]	6474	27516	16995	

续表

序号	单词	前缀及语源	词根及语源	BNC 频率	COCA 频率	频率均值	多后缀构词中的其他后缀
42	usual		us=ut=to use [L]	7268	24548	15908	
43	realize		re=matter,thing [L]	2123	29488	15806	-ize=表示实行,受……支配
44	actual		act=ag=ig=to do,to drive [L]	6733	24285	15509	
45	criminal		crim=crimin=crime,guilty;to separate [L]	4910	24900	14905	
46	royal		reg=reig=to rule [L]	14488	15131	14810	
47	emotional	e-=ex-=out [L]	mob=mov=mot=to move [L]	3521	25994	14758	
48	liberal		liber=libr=to weigh,to balance,free [L]	5365	24037	14701	
49	equal		equ=iqu=equal,same [L]	6234	22480	14357	
50	visual		vis=vid=vic=view=voy=vey=vei=vy=vi=ud=to look,to see [L]	3365	24259	13812	
51	rural		rus=rur=country [L]	6126	21030	13578	
52	formal		form=to form [L]	6254	20270	13262	
53	unusual	un-=not,lack of,reverse of [E]	us=ut=to use [L]	3977	21607	12792	
54	normally		norm=rule,standard [L]	8051	16029	12040	-ly=表示……地,像……的
55	fundamental		found=fund=to base,to establish [L]	4459	19038	11749	-ment=表示行为或结果

续表

序号	单词	前缀及语源	词根及语源	BNC频率	COCA频率	频率均值	多后缀构词词中的其他后缀
56	principal		prim=prem=prin=pri=first;cept=cap=capt=ceiv=ceit=cip=cup=to take, to seize,head* [L][L]	4792	17773	11283	
57	equally		equ=iqu=equal,same [L]	6410	16103	11257	-ly=表示……地,像……的
58	spiritual		spir=breathe,coil [L]	2281	19355	10818	-it=……人,名词后缀
59	proposal	pro-=forward,before,in favor of,in place of [L]	pos=post=pon=pound=to put,place [L]	4123	17143	10633	
60	intellectual	inter-=between [L]	lect=leg=lig=leag=to gather,to choose, to send,to read,law [L]	2946	18231	10589	
61	initially	in-=into,in [L]	it=i=to go [L]	3767	16437	10102	-ly=表示……地,像……的
62	*literally		liter=letter [L]	1911	18288	10100	-ly=表示……地,像……的
63	digital			1929	17862	9896	
64	vital		viv=vit=to live,life [L]	5002	14092	9547	
65	universal		un-=one;vert=vers=to turn* [L][L]	2552	16282	9417	
66	conventional	con-=com-=together [L]	vent=ven=to come [L]	3840	14898	9369	-ion=-tion =-ition=-ation=表示动作或状态,物
67	personality			2873	15512	9193	-ity=-ty=表示特性,状态

续表

序号	单词	前缀及语源	词根及语源	BNC频率	COCA频率	频率均值	多后缀构词中的其他后缀
68	external		exter=outward,outside [L]	4835	13520	9178	
69	approval	ap-=ad-=to [L]	prov=prob=good,to try,test [L]	3775	14344	9060	
70	radical		radic=radis=root [L]	3918	13674	8796	
71	festival		fest=festival,holiday [L]	2992	14329	8661	-ive=表示有……性质的,人或物
72	survival	super-=supr-=sur-=sopr-=sov-=over,above,beyond [L]	viv=vit=to live,life [L]	3093	14219	8656	
73	signal		sign=to mark,to sign [L]	3097	13866	8482	-ion=tion
74	constitutional	con-=com-=together [L]	sist=st=stat=stit=stant=stin=to stand [L]	2833	13883	8358	-ion=tion =-ition=ation=表示动作或状态,物
75	gradually		gress=grad=gred=to go [L]	3554	13150	8352	-ly=表示……地,像～的
76	mutual		mut=to change,silent,dumb [L]	2178	13805	7992	
77	agricultural		agr=field;cult=col=neck,to till, to inhabit,glue* [L][L]	3971	11838	7905	-ure=-ature =-iture=-ture=表示动作,过程,结果
78	institutional	in-=in,on [L]	sist=st=stat=stit=stant=stin=to stand [L]	1951	13436	7694	-ion=tion =-ition=ation=表示动作或状态,物

续表

序号	单词	前缀及语源	词根及语源	BNC频率	COCA频率	频率均值	多后缀构词中的其他后缀
79	oral		or=say [L]	2319	11305	6812	
80	occasional	ob-=oc-=of-=op-=os-=o-=to,against,over, intensive,in front of [L]	cas=cid=cad=to fall [L]	2520	10617	6569	-ion=-tion =-ition=-ation=表示动作或状态,物
81	arrival	ar-=ad-=to [L]	rive=shore,bank [L]	3301	9389	6345	
82	penalty		pen=pun=poen=punish [L]	2592	9917	6255	-ity=-ty=表示特性,状态
83	structural		struct=stru=to build [L]	2690	9022	5856	-iture=-ture=表示动作,过程,结果　-ure=-ature
84	journalist		journ=day [L]	1353	10053	5703	-ist=表示人
85	manual		manu=man=hand [L]	2327	9045	5686	
86	fiscal		fisc=public treasury [L]	1288	9808	5548	
87	verbal		verb=word [L]	1494	9399	5447	
88	*mortality		mort=mors=mor=death [L]	2251	8548	5400	-ity=-ty=表示特性,状态
89	ritual			1436	9326	5381	
90	scandal		scend=scent=scens=scan=scal=climb [L]	1337	9349	5343	
91	informal	in-=into [L]	form=to form [L]	2330	7487	4909	

续表

序号	单词	前缀及语源	词根及语源	BNC频率	COCA频率	频率均值	多后缀构词中的其他后缀
92	neutral		ne=na=no=n=not;uter=either* [L][L]	1539	8099	4819	
93	casual		cas=cid=cad=to fall [L]	1704	7899	4802	
94	withdrawal			1926	7082	4504	
95	tribal			694	8175	4435	-ion=-tion
96	rational		rat=to reckon [L]	2283	6578	4431	=-ition=-ation=表示动作或状态,物
97	medieval		medi=middle;ev=age,time* [L][L]	2467	6157	4312	
98	removal	re-=again,against,back [L]	mob=mov=mot=to move [L]	2063	6135	4099	
99	Australian		austr=south [L]	2484	5671	4078	-ian=表示与……有关的人
100	socialist		soci=join [L]	3214	4899	4057	-ist=表示人
101	naval		nav=ship [L]	1432	6637	4035	
102	equality		equ=iqu=equal,same [L]	1513	6449	3981	-ity=-ty=表示特性,状态
103	vocal		voc=vok=vow=vouc=voic=call [L]	730	7056	3893	
104	municipal		mun=public,share,service,duty,function; cept=cap=capt=ceiv=ceit=cip=to take, to seize,head* [L][L]	873	6898	3886	

续表

序号	单词	前缀及语源	词根及语源	BNC频率	COCA频率	频率均值	多后缀构词中的其他后缀
105	capitalism		cept-=cap-=capt-=ceiv-=ceit-=cip-=cup-=to take, to seize,head [L]	1863	5712	3788	-ism=表示主义,宗教,学术,制度
106	sexuality			1365	6110	3738	-ity=-ty=表示特性,状态
107	continental	con-=com-=together [L]	tain-=ten-=tin-=to hold [L]	1836	5370	3603	-ent=表示具有……性质的,人
108	terminal		termin-=end,limit,boundary [L]	1812	5310	3561	
109	occupational	ob-=oc-=of-=op-=os-=o-=to,against,over,intensive,in front of [L]	cept-=cap-=capt-=ceiv-=ceit-=cip-=cup-=to take, to seize,head [L]	1737	5358	3548	-ion=-tion= -ition= -ation=表示动作或状态,物
110	morality		mor-=disposition,custom,stupid [L]	1210	5756	3483	-ity=-ty=表示特性,状态
111	fatal		fa-=fam-=fat-=fess-=to say [L]	1329	5581	3455	
112	disposal	dis-=dif-=di-=apart,away,not,undo,lack of [L]	pos-=post-=pon-=pound=to put,place [L]	2106	4699	3403	
113	brutal			708	6026	3367	
114	marginal			2142	4455	3299	

续表

序号	单词	前缀及语源	词根及语源	BNC频率	COCA频率	频率均值	多后缀构词中的其他后缀
115	optional		opt=to wish,to choose [L]	946	5542	3244	-ion=-tion =-ition=-ation=表示动作或状态,物
116	conceptual	con-=com-=together [L]	cept=cap=capt=ceiv=ceit=cip =cup=to take,to seize,head [L]	1001	5425	3213	
117	*operational		oper=to work,riches [L]	1628	4766	3197	-ion=-tion= -ition=-ation=表示动作或状态,物
118	instrumental	in-=on [L]	struct=stru=to build [L]	890	5452	3171	-ment=表示行为或结果
119	magical			825	5372	3099	
120	integral	in-=not [L]	tegr=to touch [L]	1205	4976	3091	
121	exceptional	ex-=out [L]	cept=cap=capt=ceiv=ceit=cip =cup=to take,to seize,head [L]	1705	4421	3063	-ion=-tion= -ition=-ation=表示动作或状态,物
122	horizontal		hor=to shudder,to bound,hour [L]	1206	4707	2957	
123	denial			733	5012	2873	
124	dual		duo=dou=du=do=two [L]	1127	4615	2871	
125	refusal	re-=again,against,back [L]	fus=fut=fund=found=pour [L]	1813	3890	2852	

续表

序号	单词	前缀及语源	词根及语源	BNC频率	COCA频率	频率均值	多后缀构词中的其他后缀
126	capitalist		cept=cap=capt=ceiv=ceit=cip=cup=to take,to seize,head [L]	2195	3452	2824	-ist=表示人
127	oval		ov=egg [L]	623	5017	2820	
128	revival	re-=again,against,back [L]	viv=vit=to live,life [L]	1170	4439	2805	
129	rental			461	4983	2722	
130	mineral			1189	4219	2704	
131	maternal		matr=mater=mother [L]	712	4654	2683	
132	cardinal		cardin=chief [L]	760	4552	2656	
133	*homosexual		homeo=homo=same [GK]	816	4461	2639	
134	*lethal		leth=death [GK]	630	4440	2535	
135	*marital		marit=husband [L]	705	4203	2454	
136	optimal		optim=best [L]	730	4142	2436	
137	spiral		spir=breathe,coil [L]	670	4178	2424	
138	socialism		soci=join [L]	1612	3220	2416	-ism=表示主义,宗教,学术,制度
139	gradual		gress=grad=gred=to go [L]	1044	3692	2368	
140	inequality	in-=not [L]	equi=iqu=equal,same [L]	773	3760	2267	-ity=-ty=表示特性,状态

续表

序号	单词	前缀及语源	词根及语源	BNC频率	COCA频率	频率均值	多后缀构词中的其他后缀
141	renewal	re-=again,against,back [L]		1003	3372	2188	
142	*temporal		tempor=time,season,age [L]	538	3829	2184	
143	dial		di=day [L]	412	3889	2151	
144	*spirituality		spir=breathe,coil [L]	220	4081	2151	-ity=-ty=表示特性,状态
145	interpersonal	inter-=between [L]		299	3963	2131	
146	rehearsal	re-=again,against,back [L]	hears=to harrow,to practice [F]	613	3597	2105	
147	mentality		ment=mens=think,mind [L]	349	3821	2085	-ity=-ty=表示特性,状态
148	morale		mor=disposition,custom,stupid [L]	944	3193	2069	
149	bilateral	bi-=two [L]	later=side [L]	719	3411	2065	
150	tribunal		tribut=to give,to pay [L]	1569	2413	1991	
151	eventual	e-=ex-=out [L]	vent=ven=to come [L]	1007	2964	1986	
152	realism		re=matter,thing [L]	875	3084	1980	-ism=表示主义,宗教,学术,制度
153	*pastoral		past=dough,to feed [OF]	721	3120	1921	-or=表示人,器物,状态,性质
154	thermal		therm=heat [GK]	677	3127	1902	

续表

序号	单词	前缀及语源	词根及语源	BNC频率	COCA频率	频率均值	多后缀构词中的其他后缀
155	dental		dent=tooth [L]	606	3177	1892	
156	residual	re-=again,against,back [L]	sess=sid=sed=to sit [L]	690	3000	1845	
157	cynical		cynic=dog [GK]	723	2930	1827	
158	nasal		nas=nose [L]	274	3379	1827	
159	*literal		liter=letter [L]	503	3053	1778	
160	*causal		cuse=cause=to reason [L]	1153	2384	1769	
161	accidental	ac-=ad-=to [L]	cas=cid=cad=to fall [L]	713	2764	1739	-ent=表示具有……性质的,人
162	*peripheral	peri-=around,near [GK]	phor=pher=to carry [GK]	924	2517	1721	
163	*lateral		later=side [L]	656	2744	1700	
164	inaugural	in-=in [L]	augur=soothsayer [L]	321	3075	1698	
165	liberalism		liber=libr=to weigh,to balance,free [L]	493	2858	1676	-ism=表示主义,宗教,学术,制度
166	dismissal	dis-=dif-=di-=apart,away,not,undo,lack of [L]	mit=miss=mis=mess=to send [L]	1453	1842	1648	
167	abnormal	ab-=away,from,to [L]	norm=rule,standard [L]	796	2469	1633	

续表

序号	单词	前缀及语源	词根及语源	BNC频率	COCA频率	频率均值	多后缀构词中的其他后缀
168	*appraisal	ap-=ad-=to [L]	preci=prais=pris=priz=price [L]	1063	2180	1622	
169	multinational	multi-=many [L]	nat=nasc=naiss=naiv=to be born [L]	559	2667	1613	-ion=-tion =-ition=-ation=表示动作或状态,物
170	*viral		vir=man,poison,virus [L]	381	2840	1611	
171	*floral		flor=flower [L]	430	2775	1603	
172	trivial	tri-=three [L]	vey=voy=via=vi=to carry,way [L]	869	2322	1596	
173	mortal		mort=mors=mor=death [L]	463	2709	1586	
174	irrational	in-=ir-=not [L]	rat=to reckon [L]	490	2643	1567	-ion=-tion =-ition=-ation=表示动作或状态,物
175	monumental		mon=min=to warn,advise,remind [L]	364	2633	1499	-ment=表示行为或结果
176	reversal	re-=again,against,back [L]	vert=vers=to turn [L]	528	2459	1494	
177	*procedural	pro-=forward,before,in favor of,in place of [L]	ced=cess=ceed=ceas=go,let go [L]	714	2271	1493	-ure=-ature =-iture=-ture=表示动作,过程,结果

续表

序号	单词	前缀及语源	词根及语源	BNC频率	COCA频率	频率均值	多后缀构词中的其他后缀
178	oriental		ori=rise,begin [L]	680	2197	1439	-ent=表示具有……性质的,人
179	vitality		viv=vit=to live,life [L]	440	2428	1434	-ity=-ty=表示特性,状态
180	factual		fect=fact=fict=fair=fic=fit=feit=fac=fec=feas=feat=to make,to do,to like [L]	764	2090	1427	
181	sentimental		sent=sens=to feel [L]	485	2343	1414	-ment=表示行为或结果
182	pedal		ped=pod=pus=peach=patch=fet=foot, child [L][GK]	353	2390	1372	
183	supernatural	super-=supr-=sur-=sopr-=sov-=over,above,beyond [L]	nat=nasc=naiss=naiv=to be born [L]	340	2356	1348	
184	*neural		neur=nerve [GK]	526	2096	1311	-ure=-ature=-iture=-ture=表示动作,过程,结果
185	*nominal		nomin=nomen=to name [L]	830	1750	1290	
186	proportional	pro-=forward,before,in favor of,in place of [L]	portion=share,part [L]	907	1654	1281	
187	bilingual	bi-=two [L]	lingu=language,tongue [L]	331	2220	1276	
188	*textual		text=to weave [L]	374	2165	1270	

续表

序号	单词	前缀及语源	词根及语源	BNC 频率	COCA 频率	频率均值	多后缀构词中的其他后缀
189	intentional	in-=into [L]	tend=tent=tens=to stretch [L]	255	2282	1269	-ion=-tion =-ition=-ation=表示动作或状态,物
190	royalty		reg=reig=to rule [L]	517	1985	1251	-ity=-ty=表示特性,状态
191	*unilateral	un-=one;later=side* [L][L]		336	2159	1248	
192	tidal			446	2043	1245	
193	unnatural	un-=not,lack of,reverse of [E]	nat=nasc=naiss=naiv=to be born [L]	453	2025	1239	
194	suicidal	sui-=oneself [L]	cid=cut,kill [L]	228	2220	1224	
195	corporal		corpor=corp=body [L]	608	1778	1193	
196	*provisional	pro-=forward,before,in favor of,in place of [L]	vis=vid=vic=view=voy=vey=vei=vy=vi ud=to look,to see [L]	893	1478	1186	
197	ancestral	an-=before [L]	ced=cess=ceed=ceas=go,let go [L]	280	2089	1185	
198	casualty		cas=cid=cad=to fall [L]	734	1615	1175	-ity=-ty=表示特性,状态
199	*celestial		ceil=cel=heaven,sky [L]	157	2180	1169	
200	*orbital		orb=circle,track [L]	234	2089	1162	-it=……人,名词后缀
201	*multilateral	multi-=many [L]	later=side [L]	298	2019	1159	

续表

序号	单词	前缀及语源	词根及语源	BNC频率	COCA频率	频率均值	多后缀构词中的其他后缀
202	perpetual	per-=through, thoroughly,falsely,to destruct [L]	pet=peat=pit=to seek,to rush,to strive [L]	188	2121	1155	
203	aboriginal	ab-=away,from,to [L]	ori=rise,begin;gin=begin* [L][E]	206	2092	1149	
204	*phenomenonal		phan=phen=fan=to appear,show [GK]	308	1965	1137	-men=抽象名词的后缀
205	continual	con-=com-=together [L]	tain=ten=tin=to hold [L]	583	1676	1130	
206	*mural		mur=wall [L]	157	2002	1080	
207	*abdominal		abdomin=lower part of the belly [L]	516	1596	1056	
208	*intestinal	int-=within [L]	est=ess=ent=to be [L]	841	1271	1056	-ine=具有……性质的
209	reciprocal	re-=again,against, back;pro-=forward, before,in favor of, in place of* [L][L]	cept=cap=capt=ceiv=ceit=cip=cup= to take,to seize,head [L]	509	1598	1054	
210	sensational		sent=sens=to feel [L]	444	1661	1053	-ion=-tion= -ition= -ation=表示动作态或状态,物

续表

序号	单词	前缀及语源	词根及语源	BNC频率	COCA频率	频率均值	多后缀构词中的其他后缀
211	individualism	in-=not;dis-=dif-=di-=apart,away,not,undo,lack of* [L]	vis=vid=vic=view=voy=vey=vei=vy=vi=ud=to look,to see [L]	373	1700	1037	-ism=表示主义,宗教,学术,制度
212	*cerebral		cerebr-=brain [L]	475	1589	1032	
213	disapproval	dis-=dif-=di-=apart,away,not,undo,lack of;ap-=ad-=to* [L][L]	prov=prob=good,to try,test [L]	490	1572	1031	
214	*upheaval		hev=to lift,exalt [OE]	320	1690	1005	

4 -er=表示人或物 [OE],【能产性等级：5】

序号	单词	前缀及语源	词根及语源	BNC频率	COCA频率	频率均值	多后缀构词中的其他后缀
1	power		pot=poss=pow=powerful,capable of [L]	31136	147236	89186	
2	order		ord=ordin=ordain=to order [L]	33646	111216	72431	
3	former		form=to form [L]	16316	120511	68414	
4	summer		summ=highest,total,sum [L]	10955	69278	40117	
5	lower			12096	66645	39371	
6	computer	com-=together [L]	put=to think,count [L]	13446	57018	35232	
7	leader			8806	50199	29503	

续表

序号	单词	前缀及语源	词根及语源	BNC频率	COCA频率	频率均值	多后缀构词中的其他后缀
8	manager	ob-=oc-=of-=op-=os-=o-=to,against,over,intensive,in front of [L]	manu=man=hand [L]	13523	41003	27263	-age=表示状态,情况,身份,场所等
9	officer		fect=fact=fict=fair=fic=fit=feit=fac=fec=feas=feat=to make,to do,to like [L]	8871	42884	25878	
10	dinner			5858	39942	22900	
11	leadership			4610	40656	22633	-ship=表示关系,状态,性质;某种技能,职位,资格
12	powerful		pot=poss=pow=powerful,capable of [L]	6962	37719	22341	-ful=表示有……性质的
13	player			5401	38006	21704	
14	writer			3633	32151	17892	
15	owner			4884	28192	16538	
16	gender		gen=gn=gener=birth,race,produce [L]	1947	28756	15352	
17	partner		part=to divide,a party,a part [L]	4888	25377	15133	
18	manner		manu=man=hand [L]	5815	21500	13658	
19	consumer	con-=com-=together [L]	sum=sumpt=to take,to use,to waste [L]	4309	21671	12990	
20	speaker			8506	14798	11652	
21	reporter	re-=again,against,back [L]	port=to carry [L]	1137	20793	10965	

续表

序号	单词	前缀及语源	词根及语源	BNC 频率	COCA 频率	频率均值	多后缀构词中的其他后缀
22	worker			3548	18256	10902	
23	reader			3993	16798	10396	
24	winner			3090	17524	10307	
25	customer			4605	13406	9006	
26	counter		count=to count,to reckon [L]	2370	15504	8937	
27	laughter			2045	15686	8866	
28	user		us=ut=to use [L]	5828	10284	8056	
29	baker			2091	13966	8028	
30	prayer			2021	13544	7783	
31	soldier		solid=sold=firm,whole [L]	1702	13048	7375	
32	commander	com-=together [L]	mand=mend=to order,to entrust [L]	1841	12671	7256	
33	killer			1341	13057	7199	
34	producer	pro-=forward,before,in favor of,in place of [L]	duc=duct=du=to lead [L]	1750	12346	7048	
35	singer			1623	12072	6848	
36	hunter			1279	12360	6820	

续表

序号	单词	前缀及语源	词根及语源	BNC频率	COCA频率	频率均值	多后缀构词中的其他后缀
37	founder		found=fund=to base,to establish [L]	1259	12197	6728	-ship=表示关系,状态,性质;某种技能,职位,资格
38	ownership			3057	10304	6681	
39	designer	de-=down,from,away,off [L]	sign=to mark,to sign [L]	1853	10677	6265	
40	encounter	en-=em-=in,on,cause to be,make,not,intensive [F]	count=to count,to reckon [L]	1648	10463	6056	
41	register	re-=again,against,back [L]	gest=ger=gist=carry,bear [L]	3059	8538	5799	
42	*turner			1104	10489	5797	
43	disorder	dis-=dif-=di-=apart,away,not,undo,lack of [L]	ord=ordin=ordain=to order [L]	1604	9813	5709	
44	shower			1502	9704	5603	
45	tender		tend=tent=tens=to stretch [L]	1663	8873	5268	
46	commissioner	com-=together [L]	mit=miss=mis=mess=to send [L]	1433	9072	5253	-ion=-tion =-ation=表示动作或状态,物 =-ition=-tion
47	passenger		pass=stride,step [L]	1908	8490	5199	-age=表示状态,情况,身份,场所等

续表

序号	单词	前缀及语源	词根及语源	BNC频率	COCA频率	频率均值	多后缀构词中的其他后缀
48	stranger			1460	8864	5162	
49	farmer			2224	8048	5136	
50	adviser	ad-=to [L]	vis=vid=vic=view=voy=vey=vei=vy=vi=ud=to look,to see [L]	1474	8621	5048	
51	announcer	an-=ad-=to [L]	nounc=nunci=to say,report [L]	66	9849	4958	
52	lover			1631	8274	4953	
53	rubber			1530	8047	4789	
54	receiver	re-=again,against,back [L]	cept=cap=capt=ceiv=ceit=cip=cup=to take,to seize,head [L]	1484	7597	4541	
55	publisher		popul=publ=people [L]	1408	7484	4446	-ish=表示有……特征的,使……
56	researcher	re-=again,against,back [L]		951	7814	4383	
57	lighter			1067	7693	4380	
58	photographer		photo=phos=light;graph=gram=writing* [GK][GK]	1043	7662	4353	
59	charter		cart=paper,card [L]	2302	6390	4346	
60	formerly		form=to form [L]	1939	6707	4323	-ly=表示……地,像……的
61	dealer			1708	6585	4147	

续表

序号	单词	前缀及语源	词根及语源	BNC频率	COCA频率	频率均值	多后缀构词中的其他后缀
62	liver			1625	6627	4126	
63	observer	ob-=oc-=of-=op-=os-=o-=to,against,over,intensive, in front of [L]	serv=to serve,to keep [L]	1598	6397	3998	
64	painter			1195	6442	3819	
65	holder			2893	4320	3607	
66	prisoner		pris=to take,to seize [L]	1589	5458	3524	-on=表示人,物,……核子
67	carrier		car=car,run,load [F]	1256	5707	3482	
68	fighter			939	5817	3378	
69	container	con-=com-=together [L]	tain=ten=tin=to hold [L]	823	5915	3369	
70	refrigerator	re-=again,against,back [L]	frig=cold [L]	289	6383	3336	-or=-ator=表示人,器物,状态,性质
71	locker			241	6239	3240	
72	trailer		tract=tra=treat=to draw [L]	470	5887	3179	
73	voter		vot=vow [L]	279	6055	3167	
74	reminder	re-=again,against,back [L]	ment=mens=think,mind [L]	985	5120	3053	
75	drawer			878	4979	2929	

续表

序号	单词	前缀及语源	词根及语源	BNC频率	COCA频率	频率均值	多后缀构词中的其他后缀
76	porter		port=to carry [L]	1107	4745	2926	
77	sweater			565	4799	2682	
78	criterion		cris=crit=judge,discern [L]	1299	4041	2670	-ion=-tion =ition=-ation=表示动作或状态,物
79	poster		pos=post=pon=pound=to put,place [L]	718	4409	2564	
80	seller			1927	3165	2546	
81	remainder	re-=again,against,back [L]	man=main=mn=to flow,to stay [L]	1673	3198	2436	
82	waiter			672	4166	2419	
83	starter			435	4379	2407	
84	interpreter	inter-=between [L]	pret=to traffic in, sell [PIE]	414	4386	2400	
85	composer	com-=together [L]	pos=post=pon=pound=to put,place [L]	935	3666	2301	
86	dancer			562	4013	2288	
87	*leverage		lev=liev=raise,lift,light,smooth [L]	230	4277	2254	-age=表示状态,情况,身份,场所等
88	cooler			356	4058	2207	
89	marker		mark=marc=sign,mark [OF]	654	3728	2191	
90	printer			1564	2763	2164	

续表

序号	单词	前缀及语源	词根及语源	BNC频率	COCA频率	频率均值	多后缀构词中的其他后缀
91	insider			774	3502	2138	
92	runner			666	3563	2115	
93	freezer			387	3555	1971	
94	defender	de-=down,from,away,off [L]	fend=fens=to strike [L]	1150	2784	1967	
95	batter		bat=bet=bit=to go,to beat [GK]	148	3745	1947	
96	recorder	re-=again,against,back [L]	cord=cour=cor=heart [L]	890	2956	1923	
97	*rover			1406	2385	1896	
98	orderly		ord=ordin=ordain=to order [L]	551	3144	1848	-ly=表示……地,像……的
99	explorer	ex-=out [L]	plor=to cry,to flow [L]	256	3400	1828	
100	messenger		mit=miss=mis=mess=to send [L]	493	3153	1823	-age=表示状态,情况,身份,场所等
101	philosopher		phil=love;soph=wise,wisdom* [GK] [GK]	571	3051	1811	
102	banker		bank=bench [ME]	555	3038	1796	
103	builder			918	2647	1783	
104	*archer		arch=arc=first,old,chief,ruler,bow [GK]	455	3024	1740	
105	roller		roll=rol=to roll [L]	448	2946	1697	

续表

序号	单词	前缀及语源	词根及语源	BNC频率	COCA频率	频率均值	多后缀构词中的其他后缀
106	performer	per-=through,thoroughly,falsely,to destruct [L]	form=to form [L]	46	3346	1696	
107	keeper			1351	2008	1680	
108	*plaster		plas=to form [GK]	861	2469	1665	
109	practitioner		pract=prag=to do,business [GK]	1077	2250	1664	-ion=-tion =-ition=-ation=表示动作或状态,物
110	opener			285	3038	1662	
111	*folder			329	2951	1640	
112	ruler			869	2335	1602	
113	offender	ob-=oc-=of-=op-=os-=o-=to,against,over,intensive,in front of [L]	fend=fens=to strike [L]	569	2419	1494	
114	fertilizer		fer=to carry,to bear [L]	181	2756	1469	-ize=表示实行,受……支配
115	lever		lev=liev=raise,lift,light,smooth [L]	629	2285	1457	
116	traveler			3	2907	1455	
117	retailer	re-=again,against,back [L]	tail=cut [L]	644	2262	1453	

续表

序号	单词	前缀及语源	词根及语源	BNC频率	COCA频率	频率均值	多后缀构词中的其他后缀
118	*specter		spect=spec=spic=spi=spy=to look,to see [L]	5	2888	1447	
119	poker			212	2570	1391	
120	interviewer	inter-=between [L]	vis=vid=vic=view=voy=vey=vei=vy=vi=ud=to look,to see [L]	552	2222	1387	
121	liner		lin=lign=line [L]	318	2439	1379	
122	glacier		glaci=ice [L]	221	2491	1356	
123	mixer			204	2463	1334	
124	dresser			273	2348	1311	
125	*tanner			237	2231	1234	
126	lecturer		lect=leg=lig=leag=to gather,to choose, to send,to read,law [L]	955	1499	1227	-ure=表示动作,过程, 结果
127	cruiser		cruc=cruis=crus=crux=cross [L]	180	2237	1209	
128	sewer			209	2207	1208	
129	astronomer		aster=astr=star [GK]	139	2265	1202	-nom=-nomy =the law or science of
130	golfer			363	2015	1189	
131	thriller		thrill=to pierce [OE]	330	1977	1154	
132	heater			525	1778	1152	

续表

序号	单词	前缀及语源	词根及语源	BNC频率	COCA频率	频率均值	多后缀构词中的其他后缀
133	*flicker			391	1825	1108	
134	drummer			271	1894	1083	
135	teller			168	1963	1066	
136	usher			227	1854	1041	
137	*sniper			123	1935	1029	

5 -y= 表示性质，状态，人 [OE]，[能产性等级：5]

序号	单词	前缀及语源	词根及语源	BNC频率	COCA频率	频率均值	多后缀构词中的其他后缀
1	company	com-=together [L]	pan=bread [L]	39326	147215	93271	
2	study		stud=study,application [L]	21763	144743	83253	
3	history		histor=wise man,judge [GK]	18846	146032	82439	
4	party		part=to divide,a party,a part [L]	38399	100763	69581	
5	policy		polit=polic=polis=city,state [GK]	25443	91840	58642	
6	energy	en-=em-=in,on,cause to be,make,not,intensive [F]	erg=urg=work [L]	11955	73663	42809	
7	county			11242	68688	39965	

续表

序号	单词	前缀及语源	词根及语源	BNC频率	COCA频率	频率均值	多后缀构词中的其他后缀
8	technology		techn=art,skill;log=logue=speech, a subject of study* [L][GK]	11578	67430	39504	
9	happy		hap=chance,good luck [OE]	11166	64610	37888	
10	army		arm=weapon,arm [L]	10853	53349	32101	
11	sorry		sor=painful [OE]	39649	10663	25156	
12	memory		memor=mnes=mne=to remember [GK]	7156	39886	23521	
13	strategy		strat=army,spread;act=ag=ig=to do, to drive* [L][L]	6026	34199	20113	
14	healthy			3505	32628	18067	-th=第……,……行为,……性质或状态
15	funny			4251	26731	15491	
16	jury		jur=to swear,law [L]	2216	28108	15162	
17	angry		ang=angr=vexation(恼怒),distress(苦闷) [L]	3945	23881	13913	
18	guilty			4017	22975	13496	
19	biology		bio=bi=b=life;log=logue=speech,a subject of study* [GK][GK]	17204	7990	12597	
20	lucky			3872	21199	12536	

续表

序号	单词	前缀及语源	词根及语源	BNC频率	COCA频率	频率均值	多后缀构词中的其他后缀
21	difficulty	dis-=dif-=di-=apart,away,not,undo,lack of [L]	fect=fact=fict=fair=fic=fit=feit=fac=fec=feas=feat=to make,to do,to like [L]	6185	14436	10311	-ile=表示可……的,易……的
22	enemy	en-=em-=in,on,cause to be,make,not,intensive [F]	am=amat=to love [L]	3127	17160	10144	
23	recovery	re-=again,against,back [L]	cover=to cover [L]	3730	16464	10097	
24	navy		nav=ship [L]	1952	17774	9863	
25	philosophy		phil=love;soph=wise,wisdom* [GK] [GK]	3410	15977	9694	
26	therapy		therap=cure [L]	1881	16795	9338	
27	ministry		min=men=small,project,hang [L]	4717	13898	9308	-ster=……人
28	mystery		myster=secret worship,a secret thing [L]	2171	15223	8697	
29	psychology		psych=soul,mind;log=logue=speech, a subject of study* [GK][GK]	2588	14549	8569	
30	discovery	dis-=dif-=di-=apart,away,not,undo,lack of [L]	cover=to cover[L]	2751	14163	8457	
31	deputy	de-=down,from,away,off [L]	put=to think,count [L]	3816	13068	8442	
32	dirty			2620	12968	7794	
33	bloody			6748	8676	7712	

续表

序号	单词	前缀及语源	词根及语源	BNC频率	COCA频率	频率均值	多后缀构词中的其他后缀
34	delivery	de-=down,from,away,off [L]	liver=to free [L]	3533	11804	7669	
35	treaty		tract=tra=treat=to draw [L]	4701	10486	7594	
36	hungry			1769	12497	7133	
37	vary		var=change [L]	2973	10274	6624	
38	inquiry	in-=into [L]	quir=quisit=quest=quer=quist=to seek, to ask [L]	3366	9656	6511	
39	controversy	contra-=contro-=counter-=against [L]	vert=vers=to turn [L]	1876	11042	6459	
40	wealthy			1309	11050	6180	
41	comedy		com=revel,hair,sleep;od=ed=song* [L][GK]	1391	10206	5799	
42	ideology		ide=idea,thought;log=logue=speech, a subject of study* [GK][GK]	2052	8604	5328	
43	rocky			927	9017	4972	
44	sandy			1301	8411	4856	
45	glory		glor=glory [L]	1599	7769	4684	
46	photography		photo=phos=light;graph=gram=writing* [GK][GK]	1106	8126	4616	

续表

序号	单词	前缀及语源	词根及语源	BNC频率	COCA频率	频率均值	多后缀构词中的其他后缀
47	belly		bell=to sound,roar,beautiful,war,to swell [L]	798	8307	4553	
48	worthy			1343	7567	4455	
49	galaxy		galax=milk [GK]	605	7878	4242	
50	unhappy	un-=not,lack of,reverse of [E]	hap=chance,good luck [OE]	1822	6452	4137	
51	geography		ge=geo=earth;graph=gram=writing* [GK][GK]	1616	6601	4109	
52	sympathy	syn-=sym-=sy-=syl-=together,with [GK]	path=pat=pass=to feel,to suffer [GK]	2041	6060	4051	
53	irony			931	6527	3729	
54	sexy			600	6855	3728	
55	mercy		merc=trade,reward [L]	1063	6306	3685	
56	harmony		harmon=agreement,concord of sounds [L]	1183	5994	3589	
57	sunny			964	5946	3455	
58	hardy			1013	5887	3450	
59	hierarchy		hier=holy;arch=arc=first,old,chief,ruler,bow* [GK][GK]	1651	5102	3377	
60	risky .			648	5820	3234	
61	shiny			689	5556	3123	

续表

序号	单词	前缀及语源	词根及语源	BNC频率	COCA频率	频率均值	多后缀构词中的其他后缀
62	symphony	syn-=sym-=sy-=syl-=together,with [GK]	phon=sound,voice [GK]	768	5437	3103	
63	dusty			691	5398	3045	
64	mighty			972	4989	2981	
65	occupy	ob-=oc-=of-=op-=os-=o-=to,against,over,intensive,in front of [L]	cept=cap=capt=ceiv=ceit=cip=cup=to take,to seize,head [L]	1022	4689	2856	
66	*methodology	meta-=above,among,beyond [GK]	hod-=od=path,way [GK]	934	4725	2830	
67	destiny	de-=thoroughly,completely [L]	sist=st=stat=stit=stant=stin=to stand [L]	731	4797	2764	
68	remedy	re-=again,against,back [L]	med=to heal,to attend to [L]	1645	3767	2706	
69	*skinny			298	5104	2701	
70	misery		miser=pity,wretched [L]	1213	4180	2697	
71	biography		bio-=bi=b=life;graph=gram=writing [GK]	803	4527	2665	
72	*wary		ware=cautious [E]	777	4538	2658	
73	handy			887	4425	2656	

续表

序号	单词	前缀及语源	词根及语源	BNC频率	COCA频率	频率均值	多后缀构词中的其他后缀
74	ecology		eco=ecu=oce=house;log=logue=speech,a subject of study* [L][GK]	592	4646	2619	
75	trophy		trop=to turn [GK]	1292	3882	2587	
76	icy			629	4372	2501	
77	honesty			678	4156	2417	
78	levy		lev=liev=raise,lift,light,smooth [L]	895	3863	2379	
79	muddy			598	4074	2336	
80	noisy			963	3693	2328	
81	apology	apo-=away [GK]	log=logue=speech,a subject of study [GK]	637	3994	2316	
82	sociology		soci=join;log=logue=speech,a subject of study* [L][GK]	1939	2612	2276	
83	sticky			795	3601	2198	
84	*anthropology		anthrop=mankind;log=logue=speech, a subject of study* [GK] [GK]	690	3662	2176	
85	weary			639	3677	2158	
86	analogy	ana-=back,up, again,throughout,intensive [GK]	log=logue=speech,a subject of study [GK]	915	3394	2155	

续表

序号	单词	前缀及语源	词根及语源	BNC频率	COCA频率	频率均值	多后缀构词中的其他后缀
87	accompany	ac-=ad-=to;com-=together* [L][L]	pan=bread [L]	869	3314	2092	
88	fairy			775	3399	2087	
89	milky			279	3752	2016	
90	tricky		trick=treacher=to cheat [OF]	627	3354	1991	
91	archaeology		arch=arc=first,old,chief,ruler,bow; log=logue=speech,a subject of study* [GK][GK]	707	2870	1789	
92	*empathy	en-=em-=in,on,cause to be,make,not,intensive [F]	path=pat=pass=to feel,to suffer [GK]	266	3215	1741	
93	pornography		porn=prostitute;graph=gram=writing* [GK][GK]	377	3071	1724	
94	agony		agon=contest,struggle [L]	899	2518	1709	
95	*fuzzy			179	3197	1688	
96	sleepy			412	2810	1611	
97	geometry		ge=geo=earth;meter=metr=measure* [GK][GK]	455	2764	1610	
98	jealousy			672	2518	1595	-ous=-ious=表示具有……性质的的,充满……的

续表

序号	单词	前缀及语源	词根及语源	BNC频率	COCA频率	频率均值	多后缀构词中的其他后缀
99	autobiography		auto=self;graph=gram=writing* [GK][GK]	423	2764	1594	
100	spicy		spect=spec=spic=spi=spy=to look,to see [L]	204	2891	1548	
101	*lousy			220	2754	1487	
102	shaky			440	2470	1455	
103	anatomy	ana-=back,up, again,throughout,intensive [GK]	tom=tem=to cut [GK]	463	2442	1453	
104	fiery			254	2616	1435	
105	rainy			232	2637	1435	
106	monarchy	mono-=alone [GK]	arch=arc=first,old,chief,ruler,bow [GK]	969	1874	1422	
107	smoky			215	2627	1421	
108	filthy		fil=son,thread,foul [L]	633	2200	1417	-th=第……，……行为，……性质或状态
109	windy			429	2387	1408	
110	greedy			460	2225	1343	
111	terminology		termin=end,limit,boundary;log=logue=speech,a subject of study* [L][GK]	675	1978	1327	

续表

序号	单词	前缀及语源	词根及语源	BNC频率	COCA频率	频率均值	多后缀构词中的其他后缀
112	subsidy	sub-=suf-=sug-=sum-=sup-=sur-=sus-=su-=under,incompletely,further [L]	sess=sid=sed=to sit [L]	718	1920	1319	
113	juicy			185	2415	1300	
114	tasty			355	2213	1284	
115	*mythology		myth=story;log=logue=speech,a subject of study* [GK][GK]	399	2153	1276	
116	dynasty		dyn=dynam=power [GK]	464	2079	1272	-ast=与……相关的人
117	melancholy		melan=black,dark;chol=bile* [GK][GK]	384	2158	1271	
118	gloomy			643	1817	1230	
119	hearty		heart=heart [OE]	223	2217	1220	
120	unhealthy	un-=not,lack of,reverse of [E]		273	2160	1217	-th=第……;……行为,……性质或状态
121	psychiatry		psych=soul,mind;iatr=healing* [GK][GK]	215	2193	1204	
122	hairy			389	2012	1201	
123	needy			244	2131	1188	
124	symmetry	syn-=sym-=sy-=syl-=together,with [GK]	meter=metr=measure [GK]	776	1514	1145	

续表

序号	单词	前缀及语源	词根及语源	BNC频率	COCA频率	频率均值	多后缀构词词中的其他后缀
125	geology		ge=geo=earth;log=logue=speech,a subject of study* [GK][GK]	715	1551	1133	
126	pharmacy		pharmac=drug,medicine [GK]	145	2121	1133	
127	*hegemony		hegemon=an authority,leader,sovereign [GK]	332	1904	1118	
128	shadowy			376	1777	1077	
129	*warranty			471	1673	1072	
130	faulty		fall=fault=false=to err,deceive [L]	506	1627	1067	
131	salty		sal=sail=sault=sil=sul=to leap,salt,health [L]	169	1957	1063	
132	biotechnology		bio=bi=b=life;techno=art,skill* [GK]	344	1771	1058	
133	shady			261	1854	1058	
134	lofty			291	1805	1048	
135	*watery			288	1805	1047	
136	misty			278	1809	1044	
137	*orthodoxy		orth=straight;dox=dogma=opinion* [GK]	362	1698	1030	

续表

序号	单词	前缀及语源	词根及语源	BNC频率	COCA频率	频率均值	多后缀构词中的其他后缀
138	naughty		ne-=na-=no-=not;ught=thing* [L][L]	662	1395	1029	
139	tyranny		tyrann=tyrant [L]	272	1756	1014	
140	*perjury	per-=through,thoroughly, falsely;to destruct [L]	jur=to swear;law [L]	64	1951	1008	

6 –able=-ible=able to be[L],[能产性等级：5]

序号	单词	前缀及语源	词根及语源	BNC频率	COCA频率	频率均值	多后缀构词中的其他后缀
1	probably		prov=prob=good;to try,test [L]	26239	113087	69663	-ly=表示……地,像……的
2	possible		pot=poss=pow=powerful;capable of [L]	33339	96796	65068	
3	available	a-=to [OE]	val=vail=worth,strong [L]	26676	73220	49948	
4	responsible	re-=again,against,back [L]	spond=spons=spous=to promise, to answer [L]	9177	31182	20180	
5	impossible	in-=im-=not [L]	pot=poss=pow=powerful;capable of [L]	6761	28998	17880	
6	possibly		pot=poss=pow=powerful;capable of [L]	6974	23993	15484	-ly=表示……地,像……的
7	comfortable	com-=intensive [L]	fort=forc=to strengthen [L]	3785	24272	14029	

续表

序号	单词	前缀及语源	词根及语源	BNC频率	COCA频率	频率均值	多后缀构词中的其他后缀
8	terrible		terr=to frighten,earth [L]	4412	21220	12816	
9	considerable	con-=com=together [L]	sider=star [L]	9412	12717	11065	
10	visible		vis=vid=vic=view=voy=vey=vei=vy=vi=ud=to look,to see [L]	2824	18840	10832	
11	establish	e-=ex-=out [L]	sist=st=stat=stit=stant=stin=to stand [L]	5149	16381	10765	-ish=表示有……特征的,使……
12	reasonable			6091	14837	10464	
13	capable		cept=cap=capt=ceiv=ceit=cip=cup=to take,to seize,head [L]	4768	15857	10313	
14	valuable		val=vail=worth,strong [L]	3816	16548	10182	
15	remarkable	re-=again,against,back [L]	mark=marc=sign,mark [OF]	3447	13254	8351	
16	stable		sist=st=stat=stit=stant=stin=to stand [L]	3342	13160	8251	
17	vulnerable		vulner=wound [L]	2373	14014	8194	
18	variable		var=change [L]	2809	12858	7834	
19	incredible	in-=not [L]	cred=cre=creed=to believe,to trust [L]	1174	14274	7724	

续表

序号	单词	前缀及语源	词根及语源	BNC频率	COCA频率	频率均值	多后缀构词中的其他后缀
20	acceptable	ac-=ad-=to [L]	cept=cap=capt=ceiv=ceit=cip=cup= to take,to seize,head [L]	3576	9893	6735	
21	*unintelligible	un-=not,lack of,reverse of;inter-=between* [E][L]	lect=leg=lig=leag=to gather,to choose,to send,to read,law [L]	130	12517	6324	
22	horrible		hor=to shudder,to bound,hour [L]	1597	10524	6061	
23	suitable		sequ=secut=su=to follow [L]	5961	5994	5978	-it=……人,名词后缀
24	reliable	re-=again,against,back [L]	lig=li=ly=to bind,to tie [L]	2170	9559	5865	
25	uncomfortable	un-=not,lack of,reverse of;com-=intensive* [E][L]	fort=forc=to strengthen [L]	1320	10277	5799	
26	sensible		sent=sens=to feel [L]	2656	8352	5504	
27	invisible	in-=not [L]	vis=vid=vic=view=voy=vey=vei=vy=vi= ud=to look,to see [L]	1188	9635	5412	
28	flexible		flect=flex=bend [L]	2355	8319	5337	
29	vegetable		vig=veg=to live,lively [L]	946	9674	5310	
30	presumably	pre-=before,beforehand, in front [L]	sum=sumpt=to take,to use,to waste [L]	3175	6731	4953	-ly=表示……地,像…… 的;……地

续表

序号	单词	前缀及语源	词根及语源	BNC 频率	COCA 频率	频率均值	多后缀构词中的其他后缀 -ly=表示……地,像……的
31	incredibly	in-=not [L]	cred=cre=creed=to believe,to trust [L]	767	9056	4912	-ly=表示……地,像……的
32	*accessible	ac-=ad-=to [L]	ced=cess=ceed=ceas=go,let go [L]	1604	6900	4252	
33	comparable	com-=together [L]	par=pear=pair=peer=per=pir=arrange, appear,produce,equal [L]	1857	6324	4091	
34	notable		not=to mark,observe,know [L]	1562	6201	3882	
35	eligible	e-=ex-=out [L]	lect=leg=lig=leag=to gather,to choose, to send,to read,law [L]	1307	6425	3866	
36	*viable		vey=voy=via=vi=to carry,way [L]	948	6419	3684	
37	desirable	de-=down,from,away,off [L]	sider=star [L]	2069	5096	3583	
38	affordable	af-=ad-=to [L]	ford=to provide [E]	387	5818	3103	
39	profitable	pro-=forward,before,in favor of,in place of [L]	fect=fact=fict=fair=fit=feit=fac=fec= feas=feat=to make,to do,to like [L]	1328	4865	3097	
40	miserable		miser=pity,wretched [L]	1123	4947	3035	
41	favorable			9	5948	2979	
42	portable		port=to carry [L]	904	4994	2949	

续表

序号	单词	前缀及语源	词根及语源	BNC频率	COCA频率	频率均值	多后缀构词中的其他后缀
43	unbelievable	un-=not,lack of,reverse of;be-=by,completely, to make* [E][OE]	lief=lieve=trust,care [OE]	526	5238	2882	
44	memorable		memor=mnes=mne=to remember [L][GK]	832	4859	2846	
45	*accountable	ac-=ad-=to [L]	count=to count,to reckon [L]	654	4688	2671	
46	formidable		formid=fear [L]	1046	4234	2640	
47	unacceptable	un-=not,lack of,reverse of;ac-=ad-=to* [E][L]	cept=cap=capt=ceiv=ceit=cip=cup=to take,to seize,head [L]	1205	4000	2603	
48	credible		cred=cre=creed=to believe,to trust [L]	428	4330	2379	
49	liable		lig=li=ly=to bind,to tie [L]	2213	2506	2360	
50	unpredictable	un-=not,lack of,reverse of;pre-=before,beforehand, in front* [E][L]	dict=dic=to say,to proclaim,to allot [L]	672	3848	2260	
51	applicable	ap-=ad-=to [L]	ply=plic=pli=plex=ple=plo=to fold [L]	1388	2998	2193	
52	understandable			824	3503	2164	
53	*compatible	com-=together [L]	path=pat=pass=to feel,to suffer [GK]	1125	3150	2138	

续表

序号	单词	前缀及语源	词根及语源	BNC频率	COCA频率	频率均值	多后缀构词中的其他后缀
54	charitable		care=care,dear [E]	681	3349	2015	-ity=-ty=表示特性,状态
55	respectable	re-=again,against,back [L]	spect=spec=spic=spi=spy=to look,to see [L]	1157	2809	1983	
56	plausible		plaud=plaus=plod=plos=plex=to strike [L]	787	3151	1969	
57	susceptible	sub-=suf-=sug-=sum-=sup-=sur-=sus-=su-=under,incompletely,further [L]	cept=cap=capt=ceiv=ceit=cip=cup=to take,to seize,head [L]	667	3181	1924	
58	fashionable			1102	2645	1874	
59	feasible		fect=fact=fict=fair=fic=fit=feit=fac=fec=feas=feat=to make,to do,to like [L]	818	2861	1840	
60	incapable	in-=not [L]	cept=cap=capt=ceiv=ceit=cip=cup=to take,to seize,head [L]	818	2812	1815	
61	knowledgeable			330	3299	1815	
62	honorable		honor=esteem [L]	5	3585	1795	
63	tangible		tact=tang=ting=tig=tag=to touch [L]	589	2991	1790	
64	noticeable		not=to mark,observe,know [L]	817	2585	1701	-ice=表示性质,行为,情况

续表

序号	单词	前缀及语源	词根及语源	BNC频率	COCA频率	频率均值	多后缀构词中的其他后缀
65	irresponsible	in-=ir-=not;re-=again,against,back* [L][L]	spond=spons=spous=to promise, to answer [L]	410	2777	1594	
66	durable		dur=to last [L]	352	2759	1556	
67	unreasonable	un-=not,lack of,reverse of [E]		974	2107	1541	
68	enjoyable	en-=em-=in,on,cause to be,make,not,intensive [F]		893	2005	1449	
69	constable	con-=com-=together [L]	sist=st=stat=stit=stant=stin=to stand [L]	1977	832	1405	
70	irresistible	in-=ir-=not;re-=again,against,back* [L][L]	sist=st=stat=stit=stant=stin=to stand [L]	481	2315	1398	
71	invaluable	in-=not [L]	val=vail=worth,strong [L]	803	1940	1372	
72	indispensable	in-=not; dis-=des-=apart,away,not,undo,lack of* [L][L]	pend=pens=pond=penc=to hang, to weigh,to pay,to consider [L]	444	2214	1329	
73	*ostensibly	ob-=oc-=of-=op-=os-=o-=to,against,over,intensive,in front of [L]	tend=tent=tens=to stretch [L]	407	2219	1313	-ly=表示……地,像……的
74	recognizable	re-=again,against,back; co-=com-=together* [L][L]	gnor=gnos=gn=n=to know [L]	263	2316	1290	-ize=表示实行,受……支配

续表

序号	单词	前缀及语源	词根及语源	BNC频率	COCA频率	频率均值	多后缀构词中的其他后缀
75	*convertible	con-=com-=together [L]	vert-=vers=to turn [L]	438	2114	1276	
76	stabilize		sist=st=stat=stit=stant=stin=to stand [L]	134	2343	1239	
77	*incompatible	in-=not;com-=together* [L][E]	path=pat=pass=to feel,to suffer [GK]	629	1794	1212	
78	*equitable		equ=iqu=equal,same [L]	585	1748	1167	-it=……人,名词后缀
79	undesirable	un-=not,lack of,reverse of; de-=down,from,away,off * [L][L]	sider=star [L]	614	1619	1117	
80	preferable	pre-=before,beforehand,in front [L]	fer=to carry,to bear [L]	693	1530	1112	
81	*manageable		manu=man=hand [L]	377	1809	1093	-age=表示状态,情况,身份,场所等
82	payable			1673	486	1080	
83	disposable	dis-=dif-=di-=apart,away,not,undo,lack of [L]	pos=post=pon=pound=to put,place [L]	408	1743	1076	
84	unbearable	un-=not,lack of,reverse of [E]		328	1822	1075	
85	improbable	in-=im-=not [L]	prov=prob=good,to try,test [L]	375	1707	1041	

7　–ing=行为，状态，情况 [E]，[能产性等级：5]

序号	单词	前缀及语源	词根及语源	BNC频率	COCA频率	频率均值	多后缀构词中的其他后缀
1	during		dur=to last [L]	42789	217537	130163	
2	making			26729	156186	91458	
3	*trying			17560	135406	76483	
4	saying			17738	114594	66166	
5	living			15414	109224	62319	
6	according	ac-=ad-=to [L]	cord=cour=cor=heart [L]	15387	97126	56257	
7	following			26057	80614	53336	
8	learning			9100	86112	47606	
9	thinking			12747	75254	44001	
10	running			13354	73697	43526	
11	meeting			19979	65563	42771	
12	training		tract=tra=treat=to draw [L]	20216	61735	40976	
13	writing			11281	64127	37704	
14	moving		mob=mov=mot=to move [L]	9451	63490	36471	
15	reading			10577	60877	35727	
16	beginning	be-=by,completely,to make [OE]	gin=begin [E]	11773	59285	35529	
17	feeling			12308	57364	34836	
18	understanding			9316	54854	32085	
19	interesting	inter-=between [L]	est=ess=ent=to be [L]	9376	51511	30444	

续表

序号	单词	前缀及语源	词根及语源	BNC频率	COCA频率	频率均值	多后缀构词中的其他后缀
20	*standing		sist=st=stat=stit=stant=stin=to stand [L]	9592	48814	29203	
21	leading			10981	45815	28398	
22	holding			7858	47066	27462	
23	telling			5866	40409	23138	
24	hearing			5174	40398	22786	
25	meaning			7909	37578	22744	
26	opening			7452	37962	22707	
27	willing			3897	38746	21322	
28	finding			6403	35739	21071	
29	*turning			6342	33667	20005	
30	setting		sess=sid=sed=to sit [L]	7281	31919	19600	
31	fighting			5381	32777	19079	
32	housing			9298	28449	18874	
33	increasingly	in-=in [L]	cre=cru=to grow,to increase [L]	6494	30693	18594	-ly=表示……地,像……的
34	happening		hap=chance,good luck [OE]	4310	31605	17958	-en=表示使成为……,人
35	helping			4227	31605	17916	
36	missing		mit=miss=mis=mess=to send [L]	4120	31389	17755	
37	painting			4161	29398	16780	

续表

序号	单词	前缀及语源	词根及语源	BNC频率	COCA频率	频率均值	多后缀构词中的其他后缀
38	dealing			5672	20792	13232	
39	marketing		merc=trade,reward [L]	5145	20316	12731	-et=-ette=表示小，表示……的人
40	*facing		fac=face [L]	3778	21626	12702	
41	drawing			5308	19540	12424	
42	*regarding	re-=again,against,back [L]	gard=look,heed [F]	2404	21817	12111	
43	fishing			3335	20861	12098	
44	engineering	en-=em-=in,on,cause to be,make,not,intensive [F]	gen=gn=gener=birth,race,produce [L]	4910	18702	11806	-eer=指人
45	wedding			3172	20397	11785	
46	warning			4259	19103	11681	
47	acting		act=ag=ig=to do,to drive [L]	4638	18161	11400	
48	considering	con-=com-=together [L]	sider=star [L]	4184	17583	10884	
49	suffering	sub-=suf-=sug-=sum-=sup-=sur-=sus-=su-=under,incompletely,further [L]	fer=to carry,to bear [L]	4115	17389	10752	
50	parking			1523	18114	9819	
51	advertising	ad-=to [L]	vert=vers=to turn [L]	4336	14936	9636	-ise=表示实行，变……支配
52	smoking			2855	15942	9399	

续表

序号	单词	前缀及语源	词根及语源	BNC频率	COCA频率	频率均值	多后缀构词中的其他后缀
53	heading			2707	14912	8810	
54	surprising	super-=supr-=sur-=sopr-=sov-=over,above,beyond [L]	pris=to take,to seize [L]	3487	13427	8457	
55	clothing		cloth=cloth [OE]	2104	14091	8098	
56	*ongoing			671	15353	8012	
57	exciting	ex-=out [L]	cit=to call,to arouse [L]	3220	12173	7697	
58	landing			2355	12812	7584	
59	ceiling		ceil=cel=heaven,sky [L]	2185	12921	7553	
60	recording	re-=again,against,back [L]	cord=cour=cor=heart [L]	3994	11109	7552	
61	dining			1662	13101	7382	
62	gathering			1811	12943	7377	
63	concerning	con-=com-=together [L]	cern=cret=creet=cre=to observe, to separate [L]	3297	11351	7324	
64	*ruling			3249	11169	7209	
65	racing			3173	11074	7124	
66	rating		rat=to reckon [L]	1098	13087	7093	
67	ending			2284	11554	6919	
68	striking			2540	10884	6712	
69	filling			1875	10946	6411	

续表

序号	单词	前缀及语源	词根及语源	BNC频率	COCA频率	频率均值	多后缀构词中的其他后缀
70	earnings			213	12012	6113	
71	hiding			1290	10486	5888	
72	demanding	de-=thoroughly;completely [L]	mand=mend=to order;to entrust [L]	2314	9096	5705	
73	overwhelming			1312	10092	5702	
74	loving			1396	9684	5540	
75	banking		bank=bench [ME]	2100	8693	5396	
76	*failing			2168	8608	5388	
77	promising	pro-=forward,before, in favor of,in place of [L]	mit=miss=mis=mess=to send [L]	1492	9210	5351	
78	dressing			1652	9027	5340	-ly=表示……地,像……的
79	seemingly			1180	9139	5160	
80	pressing		press=to press [L]	1932	7779	4856	
81	fascinating		fascin=bewitch,enchant [L]	1631	7397	4514	-ate=表示有……性质的,人,使之成……
82	touching			1316	7560	4438	
83	washing			2541	6095	4318	
84	scoring			1430	7173	4302	
85	lightning			793	7728	4261	
86	farming			2262	5826	4044	
87	heating			2093	5636	3865	

续表

序号	单词	前缀及语源	词根及语源	BNC频率	COCA频率	频率均值	多后缀构词中的其他后缀
88	boring			1632	5966	3799	
89	*sweeping			1061	6313	3687	
90	lasting			1253	6117	3685	
91	appealing	ap-=ad-=to [L]	pel=puls=peal=to drive [L]	1116	6004	3560	
92	*upcoming			77	6781	3429	
93	charming		cant=cent=to sing [L]	1324	5455	3390	
94	shipping			1366	5405	3386	
95	reasoning			1096	5412	3254	
96	frightening			993	5371	3182	-en表示使成为……人
97	convincing	con-=com-=intensive [L]	vict=vinc=to conquer,to show [L]	1352	4820	3086	
98	binding		band=bind [OE]	2530	3625	3078	
99	*fitting			1707	4418	3063	
100	freezing			942	5008	2975	
101	inviting			781	5031	2906	
102	embarrassing	en-=em-=in,on,cause to be,make,not,intensive [F]		1031	4777	2904	
103	imposing	in-=im-=on [L]	pos=post=pon=pound=to put,place [L]	1117	4423	2770	
104	*pending		pend=pens=pond=penc=to hang, to weigh,to pay,to consider [L]	845	4470	2658	

续表

序号	单词	前缀及语源	词根及语源	BNC频率	COCA频率	频率均值	多后缀构词中的其他后缀
105	entertaining	inter-=enter-=between [L]	tain=ten=tin=to hold [L]	971	4310	2641	
106	*intriguing	in-=in [L]	tric=trig=petty obstacle [L]	585	4695	2640	
107	wrestling			366	4730	2548	
108	unwilling	un-=not,lack of,reverse of [E]		952	4108	2530	
109	spelling			1056	3762	2409	
110	marking		mark=marc=sign,mark [OF]	1132	3454	2293	
111	*incoming			499	3819	2159	
112	greeting			580	3661	2121	
113	longing		long=pertain to,long [L]	746	3438	2092	
114	disappointing	dis-=dif-=di-=apart,away,not,undo,lack of;ap-=ad-=to* [L]	punct=pung=punc=pounc=poign=pon=point=to prick [L]	980	3174	2077	
115	briefing		brev=to shorten [L]	696	3372	2034	
116	inspiring	in-=into [L]	spir=breathe,coil [L]	337	3470	1904	
117	daring			677	3108	1893	
118	excluding	ex-=out [L]	clud=clus=clos=claus=to shut [L]	1078	2269	1674	
119	*uprising			363	2975	1669	

续表

序号	单词	前缀及语源	词根及语源	BNC 频率	COCA 频率	频率均值	多后缀构词中的其他后缀
120	*proceeding	pro-=forward,before,in favor of,in place of [L]	ced=cess=ceed=ceas=go,let go [L]	713	2530	1622	
121	*impending	in-=im-=on [L]	pend=pens=pond=penc=to hang, to weigh,to pay,to consider [L]	421	2584	1503	
122	liking			606	2362	1484	
123	disgusting	dis-=dif-=di-=apart,away,not,undo,lack of [L]	gust=taste [L]	739	2204	1472	
124	*outgoing			588	2268	1428	
125	*stuffing			309	2517	1413	
126	depressing	de-=down,from,away,off [L]	press=to press [L]	663	2032	1348	
127	refreshing	re-=again,against,back [L]		439	2253	1346	
128	lodging			326	2357	1342	
129	glaring			359	2309	1334	
130	calculating		calcul=to reckon [L]	633	2016	1325	-ate=表示有……性质的,人,使之成……
131	pleasing		plac=pleas=plais=to please,to soothe,peace [L]	589	2044	1317	
132	misunderstanding	mis-=bad,wrong [OF]		553	2060	1307	
133	haunting			254	2326	1290	
134	appalling	ap-=ad-=to [L]	pall=pale [L]	1010	1449	1230	

续表

序号	单词	前缀及语源	词根及语源	BNC频率	COCA频率	频率均值	多后缀构词中的其他后缀
135	*fleeting			366	2087	1227	
136	outing			509	1940	1225	
137	upbringing			452	1797	1125	
138	*wording			810	1356	1083	
139	dwelling			549	1571	1060	
140	insulting	in-=on,against [L]	sal=sail=sault=sil=sul= to leap,salt,health [L]	411	1709	1060	
141	humiliating		hom=hum=man,earth [GK]	346	1750	1048	-ate=表示有……性质的,人,使之……成……

8　-ity=-ty= 表示特性、状态 [L]，[能产性等级：5]

序号	单词	前缀及语源	词根及语源	BNC频率	COCA频率	频率均值	多后缀构词中的其他后缀
1	university	un-=one;vert=vers=to turn* [L][L]		16204	171449	93827	
2	community	com-=together [L]	mun=public,share,service,duty,function [L]	22674	124842	73758	
3	security	se-=sed-=away,apart,aside [L]	cur=to take care [L]	13299	92741	53020	
4	society		soci=join [L]	23355	80982	52169	

续表

序号	单词	前缀及语源	词根及语源	BNC频率	COCA频率	频率均值	多后缀构词中的其他后缀
5	opportunity	ob-=oc-=of-=op-=os-=o-=to,against,over,intensive,in front of [L]	port=to carry;un=one* [L][L]	10027	54327	32177	
6	ability		able=abili=able [L]	8966	51670	30318	-or=-ator=-itor=表示人,器物,状态,性质
7	majority		maj=greater [L]	9634	47533	28584	-or=-ator=-itor=表示人,器物,状态,性质
8	authority		auct=auth=auxili=to increase,to help [L]	18091	33497	25794	-or=-ator=-itor=表示人,器物,状态,性质
9	safety		saf=protected,uninjured,safe [L]	8457	40195	24326	
10	property		propr=one's own [L]	35070	12369	23720	
11	variety		var=change [L]	8590	37626	23108	
12	reality		re=matter,thing [L]	6333	38766	22550	
13	identity		ident=same [L]	3867	34318	19093	
14	capacity		cept=cap=capt=ceiv=ceit=cip=cup=to take,to seize,head [L]	5720	21787	13754	-al=表示……的,状况,人
15	plenty		ple=pli=plen=plet=ply=fill,full [L]	4713	21939	13326	
16	minority		min=men=small,project,hang [L]	3351	22432	12892	-or=-ator=-itor=表示人,器物,状态,性质

续表

序号	单词	前缀及语源	词根及语源	BNC频率	COCA频率	频率均值	多后缀构词中的其他后缀
17	duty		deb=du=to owe [L]	7806	15762	11784	
18	faculty		fect=fact=fict=fair=fic=fit=feit=fac= fec=feas=feat=to make,to do,to like [L]	1236	22059	11648	
19	poverty		pover=pauper=poor [L]	2984	17340	10162	
20	facility		fect=fact=fict=fair=fic=fit=feit=fac= fec=feas=feat=to make,to do,to like [L]	2147	16309	9228	-ile=表示可……的,易……的
21	personality			2873	15512	9193	-al=表示……的,状况,人
22	*electricity	dis-=dif-=di- =apart,away,not,undo,lack of [L]	electr=electric [L]	3737	13714	8726	-ic=表示……的
23	diversity		vert=vers=to turn [L]	1383	15844	8614	
24	priority		prim=prem=prin=pri=first [L]	3341	11729	7535	-or=-ator=-itor= 表示人,器物,状态,性质
25	liberty		liber=libr=to weigh,to balance,free [L]	1359	12492	6926	
26	penalty		pen=pun=poen=punish [L]	2592	9917	6255	-al=表示……的,状况,人
27	unity		un=one [L]	2732	9772	6252	
28	integrity	in-=not [L]	tegr=to touch [L]	1443	10806	6125	
29	utility		us=ut=to use [L]	989	11105	6047	

续表

序号	单词	前缀及语源	词根及语源	BNC频率	COCA频率	频率均值	多后缀构词中的其他后缀
30	humanity		hom=hum=man,earth [GK]	1190	10879	6035	-an=表示……地方的人,属于……的
31	intensity	in-=into [L]	tend=tent=tens=to stretch [L]	1594	10068	5831	
32	charity		care=care,dear [E]	3627	7930	5779	
33	validity		val=vail=worth,strong [L]	1342	9683	5513	-id=表示有……性质的
34	*mortality		mort=mors=mor=death [L]	2251	8548	5400	-al=表示……的,状况,人
35	gravity		grav=griev=heavy [L]	1189	9165	5177	
36	equity		equ=iqu=equal,same [L]	1889	7600	4745	
37	necessity		necess=unavoidable,indispensable [L]	1769	7326	4548	
38	popularity		popul=publ=people [L]	1303	7668	4486	-ar=-ular=……的,物,人 -icular=……的,物,人
39	celebrity		celebr=honor [L]	401	8554	4478	
40	complexity	com-=together [L]	ply=plic=pli=plex=ple=plo=to fold [L]	1728	7165	4447	
41	christianity			1745	7139	4442	-ian=表示与……有关的人
42	dignity		dign=dain=deign=worthy [L]	1246	7507	4377	

续表

序号	单词	前缀及语源	词根及语源	BNC 频率	COCA 频率	频率均值	多后缀构词中的其他后缀
43	disability	d- dis-=dif-=di-=apart, away,not,undo,lack of [L]	able=abili=able [L]	1485	7175	4330	
44	loyalty			1585	7005	4295	
45	creativity		creat=to make [L]	811	7218	4015	-ive=-ative=-itive =表示有……性质 的,人或物
46	equality		equ=iqu=equal,same [L]	1513	6449	3981	-al=表示……的, 状况,人
47	sensitivity		sent=sens=to feel [L]	1562	6269	3916	-ive=-ative=-itive =表示有……性质 的,人或物
48	sexuality			1365	6110	3738	-al=表示……的, 状况,人
49	density		dens=thick,crowded [L]	1579	5796	3688	
50	inability	in-=im-=not [L]	able=abili=able [L]	1081	6251	3666	
51	mobility		mob=mov=mot=to move [L]	1440	5766	3603	-ile=表示可…… 的,易……的
52	curiosity		cur=to take care [L]	1065	6116	3591	-ous=-ious=表示 具有……性质的, 充满……的
53	sovereignty	super-=supr-=sur-=sopr- =sov-=over,above,beyond [L]	reg=reig=to rule [L]	1137	6019	3578	

续表

序号	单词	前缀及语源	词根及语源	BNC频率	COCA频率	频率均值	多后缀构词中的其他后缀
54	morality		mor=disposition,custom,stupid [L]	1210	5756	3483	-al=表示……的,状况,人
55	prosperity	pro-=forward,before,in favor of,in place of [L]	sper=spair=hope [L]	1098	5378	3238	
56	obesity	ob-=oc-=of-=op-=os-=o-=to,against,over,intensive,in front of [L]	ed=es=to eat [L]	211	6169	3190	
57	clarity		clar=clair=clear [L]	1049	5118	3084	
58	certainty		cert=sure [L]	1338	4323	2831	-ain=与……相关的人或事物
59	*entity		est=ess=ent=to be [L]	1161	4277	2719	-ile=表示可……的,易……的
60	hostility		host=enemy [L]	1311	4119	2715	
61	solidarity		solid=sol=firm,whole [F]	1026	3957	2492	-ar=-ular / =-icular=表示……的,物,人
62	continuity	con-=com-=together [L]	tain=ten=tin=to hold [L]	1257	3507	2382	
63	commodity	com-=together [L]	mod=fit,manner,kind,measure,change [L]	894	3854	2374	
64	inequality	in-=not [L]	equ=iqu=equal,same [L]	773	3760	2267	-al=表示……的,状况,人
65	*velocity		veloc=quick [L]	897	3485	2191	

续表

序号	单词	前缀及语源	词根及语源	BNC频率	COCA频率	频率均值	多后缀构词中的其他后缀
66	*spirituality		spir=breathe,coil [L]	220	4081	2151	-al=表示……的，状况，人
67	*severity		sever=serious,earnest,to cut [L]	719	3541	2130	
68	*proximity		proach=proxim=prop=near [L]	660	3597	2129	
69	mentality		ment=mens=think,mind [L]	349	3821	2085	-al=表示……的，状况，人
70	*immunity	in-=im-=not [L]	mun=public,share,service,duty,function [L]	625	3530	2078	
71	charitable		care=care,dear [E]	681	3349	2015	-able=-ible =able to be
72	simplicity			917	3093	2005	-ic=表示……的
73	*amnesty	a-=no [OE]	memor=mnes=mne=to remember [L] [GK]	1071	2691	1881	
74	trinity		trin=three each [L]	768	2961	1865	
75	hospitality			863	2791	1827	
76	ambiguity	ambi-=amb-=around,both [L]	act=ag=ig=to do,to drive [L]	840	2650	1745	
77	vanity		van=vain=empty [L]	363	3118	1741	
78	fidelity		fid=feder=fi=fy=feal=to trust [L]	323	3087	1705	
79	superiority	super-=supr-=sur-=sopr-=sov-=over,above,beyond [L]		743	2617	1680	-ior=较……的，属于……的，人

续表

序号	单词	前缀及语源	词根及语源	BNC频率	COCA频率	频率均值	多后缀构词中的其他后缀
80	*anonymity	an-=without [GK]	onym=onom=name,word [GK]	263	3066	1665	-ar=-ular =-icular=表示……的,物,人
81	similarity		simil=simul=same,equal [L]	796	2499	1648	-el=表示物,人,地点
82	*novelty		nov=new [L]	501	2613	1557	-id=表示有……性质的
83	humidity		hom=hum=man,earth [GK]	285	2819	1552	
84	cruelty			746	2192	1469	-al=表示……的,状况,人
85	vitality		viv=vit=to live,life [L]	440	2428	1434	
86	purity		pur=clean [L]	706	2142	1424	-ion=-tion
87	nationality		nat=nasc=naiss=naiv=to be born [L]	686	2008	1347	=-ition=-ation=表示动作或状态,物
88	longevity		long=pertain to,long;ev=age,time* [L]	183	2499	1341	
89	*vicinity		vicin=near [L]	564	2007	1286	-al=表示……的,状况,人
90	royalty		reg=reig=to rule [L]	517	1985	1251	
91	*humility		hom=hum=man,earth [GK]	282	2209	1246	-ile=表示可……的,易……的
92	*cavity		cav=hollow [L]	411	2057	1234	

续表

序号	单词	前缀及语源	词根及语源	BNC频率	COCA频率	频率均值	多后缀构词中的其他后缀
93	casualty		cas=cid=cad=to fall [L]	734	1615	1175	-al=表示……的,状况,人
94	insanity	in-=not [L]	san=sanat=well,healthy,to heal [L]	208	2115	1162	
95	maternity		matr=mater=mother [L]	695	1618	1157	
96	*affinity	af-=ad=to [L]	fin=end,limit [L]	655	1619	1137	
97	masculinity		mascul=male,man [L]	344	1901	1123	-ine=具有……性质的
98	witty			404	1806	1105	
99	*disparity	dis-=dif-=di-=apart,away,not,undo,lack of [L]	par=pear=pair=peer=pir=arrange,appear,produce,equal [L]	219	1916	1068	
100	nobility			721	1375	1048	
101	fraternity		frater=fratr=brother [L]	224	1819	1022	

-ty是-ity的变体

9　*-ent= 表示具有……性质的，人 [L]，[能产性等级：5]

序号	单词	前缀及语源	词根及语源	BNC频率	COCA频率	频率均值	多后缀构词中的其他后缀
1	president	pre-=before,beforehand,in front [L]	sess=sid=sed=to sit [L]	15567	278490	147029	

续表

序号	单词	前缀及语源	词根及语源	BNC频率	COCA频率	频率均值	多后缀构词中的其他后缀
2	different	dis-=dif-=di-=apart,away,not,undo,lack of [L]	fer-=to carry,to bear [L]	47209	186649	116929	
3	present	pre-=before,beforehand,in front [L]	s=esse=to be [L]	24670	65702	45186	
4	student		stud=study,application [L]	7510	79689	43600	
5	current		curs=cur=cour=cours=coars=cor=to run [L]	13944	69856	41900	
6	potential		pot=poss=pow=powerful,capable of [L]	11023	55945	33484	-ial=表示具有……的
7	independent	in-=not;de-=down,from,away,off* [L][L]	pend=pens=pond=penc=to hang,to weigh,to pay,to consider [L]	10557	42548	26553	
8	patient		path=pat=pass=to feel,to suffer [GK]	8116	36137	22127	
9	apparently	ap-=ad-=to [L]	par=pear=pair=peer=per=pir=arrange,appear,produce,equal [L]	7477	30033	18755	-ly=表示……地,像……的
10	scientific		sci=to know;fect=fact=fict=fair=fic=fit=feit=fac=fec=feas=feat=to make,to do,to like* [L][L]	5756	26641	16199	

续表

序号	单词	前缀及语源	词根及语源	BNC频率	COCA频率	频率均值	多后缀构词中的其他后缀
11	currently		curs=cur=cour=cours=cor=to run [L]	6906	25144	16025	-ly=表示……地,像……的
12	essential		est=ess=ent=to be [L]	8580	21823	15202	-ial=表示具有……的
13	presidential	pre-=before,beforehand,in front [L]	sess=sid=sed=to sit [L]	1911	27837	14874	-ial=表示具有……的
14	agent		act=ag=ig=to do,to drive [L]	4216	23826	14021	
15	ancient		anci=old [L]	4866	22613	13740	
16	parent		par=pear=pair=peer=per=pir=arrange,appear,produce,equal [L]	3680	22458	13069	
17	represent	re-=again,against,back; pre-=before,beforehand,in front* [L][L]	s=esse=to be [L]	4478	20878	12678	
18	excellent	ex-=out [L]	celer=cel=swift,to raise [L]	6449	18393	12421	
19	accident	ac-=ad-=to [L]	cas=cid=cad=to fall [L]	6232	18455	12344	
20	violent		viol=to treat with violence,outrage,dishonor [L]	2669	20924	11797	
21	client		clin=cli=to bend [L]	5921	16980	11451	
22	silent		sil=quiet,still [L]	3466	18916	11191	

续表

序号	单词	前缀及语源	词根及语源	BNC频率	COCA频率	频率均值	多后缀构词中的其他后缀
23	consistent	con-=com-=together [L]	sist=st=stat=stit=stant=stin=to stand [L]	3051	18892	10972	
24	apparent	ap-=ad-=to [L]	par=pear=pair=peer=per=pir=arrange,appear,produce,equal [L]	5164	14843	10004	
25	incident	in-=into [L]	cas=cid=cad=to fall [L]	3574	16401	9988	
26	representative	re-=again,against,back; pre-=before,beforehand,in front* [L][L]	s=esse=to be [L]	3645	16249	9947	-ive=-ative=-itive=表示有……性质的,人或物
27	permanent	per-=through,thoroughly,falsely;to destruct [L]	man=main=mn=to flow,to stay [L]	4411	15103	9757	
28	correspondent	cor-=com-=together; re-=again,against,back* [L][L]	spond=spons=spous=to promise, to answer [L]	1980	17459	9720	
29	sufficient	sub-=suf-=sug-=sum-=sup-=sur-=sus-=su-=under, incompletely,further [L]	fect=fact=fict=fair=fic=fit=feit=fac=fec=feas=feat=to make,to do,to like [L]	5827	11609	8718	
30	innocent	in-=not [L]	noc=nox=nic=nec=to harm [L]	2440	14862	8651	

续表

序号	单词	前缀及语源	词根及语源	BNC频率	COCA频率	频率均值	多后缀构词中的其他后缀
31	efficient	ef-=ex-=out [L]	fect=fact=fict=fair=fic=fit=feit=fac=fec=feas=feat=to make,to do,to like [L]	3906	12011	7959	
32	subsequent	sub-=suf-=sug-=sum-=sup-=sur-=sus-=su-=under,incompletely,further [L]	sequ=secut=su=to follow [L]	4334	11500	7917	
33	confident	con-=com-=completely [L]	fid=feder=fi=fy=feal=to trust [L]	3115	12677	7896	
34	equivalent		equ=iqu=equal,same;val=vail=worth,strong* [L][L]	4356	11052	7704	
35	dependent	de-=down,from,away,off [L]	pend=pens=pond=penc=to hang,to weigh,to pay,to consider [L]	3743	11639	7691	
36	prominent	pro-=forward,before,in favor of,in place of [L]	min=men=small,project,hang [L]	2231	12432	7332	
37	component	com-=together [L]	pos=post=pon=pound=to put,place [L]	2598	11688	7143	
38	representation	re-=again,against,back; pre-=before,beforehand,in front* [L]	s=esse=to be [L]	3583	10057	6820	-ion=-tion =-ition=-ation=表示动作或状态,物

续表

序号	单词	前缀及语源	词根及语源	BNC频率	COCA频率	频率均值	多后缀构词中的其他后缀
39	presentation	pre-=before,beforehand,in front [L]	s=esse=to be [L]	3119	10022	6571	-ion=-tion =ition=ation=表示动作状态,物
40	resident	re-=again,against,back [L]	sess=sid=sed=to sit [L]	2044	10882	6463	
41	orientation		ori=rise,begin [L]	1020	11421	6221	-ion=-tion =ition=ation=表示动作状态,物
42	scientist		sci=to know [L]	2002	10390	6196	-ist=表示人
43	evident	e-=ex-=out [L]	vis=vid=vic=view=voy=vey=vei=vi=ud=to look,to see [L]	2550	9714	6132	
44	residential	re-=again,against,back [L]	sess=sid=sed=to sit [L]	2893	8593	5743	-ial=表示具有……的
45	intelligent	inter-=between [L]	lect=leg=lig=leag=to gather,to choose,to send,to read,law [L]	1820	9144	5482	
46	influential	in-=into,in,on [L]	flu=fluv=flux=to flow [L]	1786	8033	4910	-ial=表示具有……的
47	consequently	con-=com-=together [L]	sequ=secut=su=to follow [L]	2472	7160	4816	-ly=表示……地,像……的
48	decent		dec=proper [L]	1724	7879	4802	

续表

序号	单词	前缀及语源	词根及语源	BNC频率	COCA频率	频率均值	多后缀构词中的其他后缀
49	opponent	ob-=oc-=of-=op-=os-=o-=to,against,over,intensive,in front of [L]	pos=post=pon=pound=to put,place [L]	1398	7837	4618	
50	unprecedented	un-=not,lack of,reverse of;pre-=before,beforehand,in front* [E][L]	ced=cess=ceed=ceas=go,let go [L]	864	7680	4272	-ed=有……的
51	urgent		urge=to press hard [L]	2065	5848	3957	
52	inherent	in-=in [L]	hes=her=to stick [L]	1294	6595	3945	
53	continent	con-=com-=together [L]	tain=ten=tin=to hold [L]	1544	6131	3838	
54	continental	con-=com-=together [L]	tain=ten=tin=to hold [L]	1836	5370	3603	-al=表示……的,状况,人
55	magnificent		magn=great;fect=fact=fict=fair=fic=fit=feit=fac=fec=feas=feat=to make,to do,to like* [L][L]	1948	5110	3529	
56	adjacent	ad-=to [L]	ject=jac=jet=to throw [L]	1607	5442	3525	
57	absent	ab-=away,from,to [L]	s=esse=to be [L]	1530	5463	3497	
58	convenient	con-=com-=together [L]	vent=ven=to come [L]	1950	4839	3395	

续表

序号	单词	前缀及语源	词根及语源	BNC 频率	COCA 频率	频率均值	多后缀构词中的其他后缀
59	persistent	per-=through, thoroughly,falsely,to destruct [L]	sist=si=stat=stit=stant=stin=to stand [L]	1225	5291	3258	
60	competent	com-=together [L]	pet=peat=pit=to seek,to rush,to strive [L]	1206	4368	2787	
61	superintendent	super-=supr-=sur-=sopr- =sov-=over,above,beyond;in- =into* [L][L]	tend=tent=tens=to stretch [L]	884	4373	2629	
62	insufficient	in-=not;sub-=suf-=sug- =sum-=sup-=sur-=sus-=su- =under,incompletely,further* [L][L]	fect=fact=fict=fair=fic=fit=feit=fac=fec =feas=feat=to make,to do,to like [L]	1316	3838	2577	
63	transparent	trans-=tran-=tra- =across,over,beyond [L]	par=pear=pair=peer=per=pir =arrange,appear,produce,equal [L]	700	4313	2507	
64	evidently	e-=ex-=out [L]	vis=vid=vic=view=voy=vei=vy= vi=ud=to look,to see [L]	1421	3558	2490	-ly=表示……地, 像……的
65	imminent	in-=im-=on [L]	min=men=small,project,hang [L]	782	3768	2275	
66	*incumbent	in-=on [L]	cumb=cub=to lean,to lie [L]	462	4081	2272	
67	*potent		pot=poss=pow=powerful,capable of [L]	753	3737	2245	

续表

序号	单词	前缀及语源	词根及语源	BNC频率	COCA频率	频率均值	多后缀构词中的其他后缀
68	inconsistent	in-=not;con-=com-=together* [L][L]	sist=st=stat=stit=stant=stin=to stand [L]	633	3743	2188	
69	precedent	pre-=before,beforehand,in front [L]	ced=cess=ceed=ceas=go,let go [L]	850	3469	2160	
70	*coherent	co-=com-=together [L]	hes=her=to stick [L]	1070	3202	2136	
71	*recipient	re-=again,against,back [L]	cept=cap=capt=ceiv=ceit=cip=cup=to take,to seize,head [L]	661	3564	2113	
72	differential	dis-=dif-=di-=apart,away,not,undo,lack of [L]	fer=to carry,to bear [L]	878	3286	2082	-ial=表示具有……的
73	confidential	con-=com-=completely	fid=feder=fi=fy=feal=to trust [L]	1089	3068	2079	-ial=表示具有……的
74	ingredient	in-=into,in [L]	gress=grad=gred=to go [L]	578	3511	2045	
75	impatient	in-=im-=not [L]	path=pat=pass=to feel,to suffer [GK]	675	3209	1942	
76	*prevalent	pre-=before,beforehand,in front [L]	val=vail=worth,strong [L]	516	3281	1899	
77	presently	pre-=before,beforehand,in front [L]	s=esse=to be [L]	959	2755	1857	-ly=表示……地,像……的
78	*contingent	con-=com-=together [L]	tact=tang=ting=tig=tag=to touch [L]	671	3017	1844	

续表

序号	单词	前缀及语源	词根及语源	BNC 频率	COCA 频率	频率均值	多后缀构词中的其他后缀
79	*credentials		cred-=cre-=creed-=to believe,to trust [L]	357	3285	1821	-ial=表示具有……的;……的
80	accidental	ac-=ad-=to [L]	cas-=cid-=cad-=to fall [L]	713	2764	1739	-al=表示……的,状况,人
81	affluent	af-=ad-=to [L]	flu-=fluv-=flux-=to flow [L]	378	2962	1670	
82	*reminiscent	re-=again,against,back [L]	mon-=min-=to warn,advise,remind [L]	600	2683	1642	
83	incidentally	in-=into [L]	cas-=cid-=cad-=to fall [L]	1011	2214	1613	-ly=表示……地,像……的
84	indifferent	in-=not;dis-=dif-=di-=apart,away,not,undo,lack of* [L]	fer-=to carry,to bear [L]	585	2565	1575	
85	respondent	re-=again,against,back [L]	spond=spons=spous=to promise, to answer [L]	515	2368	1442	
86	oriental		ori=rise,begin [L]	680	2197	1439	-al=表示……的,状况,人
87	*coefficient	co-=com-=together; ef-=ex-=out* [L][E]	fect=fact=fict=fair=fic=fit=feit=fac=fec=feas=feat=to make,to do,to like [L]	406	2419	1413	
88	latent		lat=to carry,to bear [L]	652	1975	1314	
89	*crescent		cre-=cru=to grow,to increase [L]	537	2066	1302	
90	*nutrient		nutri=nourish [L]	2327	192	1260	

续表

序号	单词	前缀及语源	词根及语源	BNC频率	COCA频率	频率均值	多后缀构词中的其他后缀
91	*stringent		strain=strict=string=stress=strang=to tie,to draw tight [L]	484	1946	1215	
92	*differentiate	dis-=dif-=di-=apart,away,not,undo,lack of [L]	fer=to carry,to bear [L]	501	1925	1213	-ate=表示有……性质的,人,使之成……
93	*salient		sal=sail=sil=sul=to leap,salt,health [L]	332	2051	1192	
94	incompetent	in-=not;com-=together* [L][L]	pet=peat=pit=to seek,to rush,to strive [L]	365	1937	1151	
95	parenthood		par=pear=pair=peer=per=pir=arrange,appear,produce,equal [L]	241	2054	1148	-hood=-heid=表示状态,性质
96	*recurrent	re-=again,against,back [L]	curs=cur=cour=cours=coars=cor=to run [L]	704	1532	1118	
97	*deterrent	de-=down,from,away,off [L]	terr=to frighten,earth [L]	601	1607	1104	
98	*constituent	con-=com-=together [L]	sist=st=stat=stit=stant=stin=to stand [L]	909	1284	1097	
99	turbulent		turb=to agitate [L]	513	1681	1097	

10 -ous=-ious= 表示具有……性质的，充满…的 [L], [能产性等级：5]

序号	单词	前缀及语源	词根及语源	BNC频率	COCA频率	频率均值	多后缀构词中的其他后缀
1	various		var=change [L]	15143	59410	37277	
2	religious	re-=again,against,back [L]	lig=li=ly=to bind,to tie [L]	6376	51913	29145	
3	previous	pre-=before,beforehand,in front [L]	vey=voy=via=vi=to carry,way [L]	11866	36230	24048	
4	obvious	ob-=oc-=of-=op-=os-=o-=to,against,over,intensive,in front of [L]	vey=voy=via=vi=to carry,way [L]	8234	26713	17474	
5	famous		fa=fam=fat=fess=to say [L]	6293	28179	17236	
6	dangerous			5576	28852	17214	
7	enormous	e-=ex-=out [L]	norm=rule,standard [L]	4019	19524	11772	
8	numerous		numer=number,to count [L]	3148	19905	11527	
9	nervous		nerv=nerve [L]	2866	18334	10600	
10	tremendous		trep=trem=to fear [L]	1952	12821	7387	-end=-enda(-a表复数)表示受到某种对待的人或物
11	curious		cur=to take care [L]	2078	11269	6674	
12	consciousness	con-=com-=together [L]	sci=to know [L]	2529	10577	6553	-ness=表示性质,状态
13	continuous	con-=com-=together [L]	tain=ten=tin=to hold [L]	2619	9937	6278	

续表

序号	单词	前缀及语源	词根及语源	BNC频率	COCA频率	频率均值	多后缀构词中的其他后缀
14	*indigenous		indi-=indu-=within;gen-=gn-=gener=birth,race,produce* [L][L]	935	11056	5996	
15	generous		gen-=gn-=gener=birth,race,produce [L]	2234	9228	5731	
16	conscious	con-=com-=together [L]	sci=to know [L]	2961	7928	5445	
17	precious		preci-=prais=pris=pric=priz=price [L]	1707	8158	4933	
18	ridiculous		rid=ris=to laugh [L]	1761	7906	4834	-ic=表示……的
19	ambitious	ambi-=amb-=around,both [L]	it=i=to go [L]	1489	6965	4227	
20	anonymous	an-=without [GK]	onym=onom=name,word [GK]	1107	7003	4055	
21	suspicious	sub-=suf-=sug-=sum-=sup-=sur-=sus-=su-=under,incompletely,further [L]	spect=spec=spic=spi=spy=to look,to see [L]	1291	6212	3752	
22	delicious	de-=down,from,away,off [L]	lic=light=lec=let=to allure,to permit [L]	1082	6230	3656	
23	curiosity		cur=to take care [L]	1065	6116	3591	-ity=-ty=表示特性,状态
24	gorgeous			596	6497	3547	
25	furious		fury=rage,madness [L]	1231	5642	3437	

续表

序号	单词	前缀及语源	词根及语源	BNC频率	COCA频率	频率均值	多后缀构词中的其他后缀
26	unconscious	un-=not,lack of,reverse of;con-=com-=together * [E][L]	sci=to know [L]	1361	5267	3314	
27	hazardous			708	5475	3092	
28	cautious		cau=to take care [L]	1086	4994	3040	
29	glorious		glor=glory [L]	1062	4399	2731	
30	fabulous		fa=fam=fat=fess=to say [L]	663	4619	2641	
31	notorious		not=to mark,observe,know [L]	862	4398	2630	-or=表示人,器物,状态,性质
32	jealous			897	4336	2617	
33	outrageous			594	4567	2581	
34	vigorous		vig=veg=to live,lively [L]	955	4190	2573	-or=表示人,器物,状态,性质
35	vicious		vice=fault,defect [L]	840	4134	2487	
36	infectious	in-=into [L]	fect=fact=fict=fair=fic=fit=feit=fac=fec=feas=feat=to make,to do,to like [L]	467	4274	2371	
37	*rigorous		rect=reg=rig=to set right,rectify [L]	649	3566	2108	-or=表示人,器物,状态,性质
38	prestigious	pre-=before,beforehand,in front [L]	stinct=sting=stig=sti=to prick,to bind [L]	727	3474	2101	

续表

序号	单词	前缀及语源	词根及语源	BNC频率	COCA频率	频率均值	多后缀构词中的其他后缀
39	autonomous		auto=self [GK]	1058	2969	2014	-nom=-nomy =the law or science of
40	disastrous	dis-=dif-=di-=apart,away,not,undo,lack of [L]	aster=astr=star [GK]	1095	2930	2013	
41	*infamous	in-=not [L]	fa=fam=fat=fess=to say [L]	310	3137	1724	
42	prosperous	pro-=forward,before,in favor of,in place of [L]	sper=spair=hope [L]	672	2759	1716	
43	glamorous			552	2790	1671	
44	marvelous			6	3331	1669	
45	dubious		duo=dou=du=do=two [L]	685	2614	1650	
46	*ubiquitous		ubi=where;que=any* [L][L]	357	2943	1650	
47	ambiguous	ambi-=amb-=around,both [L]	act=ag=ig=to do,to drive [L]	638	2627	1632	
48	jealousy			672	2518	1595	-y=表示性质,状态,人
49	oblivious	ob-=oc-=of-=op-=os-=o- =to,against,over,intensive,in front of [L]	let=liv=to smear,to wipe [L]	326	2600	1463	
50	*ominous		omin=creepy [L]	334	2543	1439	

续表

序号	单词	前缀及语源	词根及语源	BNC 频率	COCA 频率	频率均值	多后缀构词中的其他后缀
51	gracious		grat=grac=thankful,pleasing [L]	415	2449	1432	
52	spacious			627	2188	1408	
53	luxurious		lucid=lust=luc=lus=lux=clear,bright [L]	490	2320	1405	
54	unanimous		un=one;anim=life,mind,breath* [L][L]	447	2303	1375	
55	courageous		cord=cour=cor=heart [L]	358	2350	1354	-age=表示状态,情况,身份,场所等
56	conspicuous	con-=com-=intensive [L]	spect=spec=spic=spi=spy=to look,to see [L]	738	1810	1274	
57	miraculous		mir=to wonder [L]	304	2068	1186	
58	*hilarious		hilar=merry [GK]	252	2102	1177	
59	*luminous		lumin=lum=to light,moon [L]	290	2062	1176	
60	humorous		hom=hum=man,earth [GK]	415	1848	1132	
61	monstrous		monstr=to show [L]	334	1839	1087	
62	poisonous			428	1663	1046	
63	*homogeneous		homeo=homo=same;gen=gn=gener=birth,race,produce* [GK][L]	487	1593	1040	-or=表示人,器物,状态,性质
64	hideous			416	1656	1036	

续表

序号	单词	前缀及语源	词根及语源	BNC频率	COCA频率	频率均值	多后缀构词中的其他后缀
65	*ludicrous		lud=lus=to laugh,to play [L]	415	1591	1003	-ic=表示……的

11 变体：-ious=-eous=-ulous=-tious=-itous=-uous

序号	单词	前缀及语源	词根及语源	BNC频率	COCA频率	频率均值	多后缀构词中的其他后缀
1	positive		pos=post=pon=pound=to put,place [L]	8259	45657	26958	
2	effective	ef-=ex-=out [L]	fect=fact=fict=fair=fic=fit=feit= fac=fec=feas=feat=to make,to do, to like [L]	9836	41430	25633	
3	executive	ex-=intensive [L]	sequ=secut=su=to follow [L]	7823	41545	24684	
4	negative		neg=to deny [L]	4681	35770	20226	
5	native		nat=nasc=naiss=naiv=to be born [L]	2568	37881	20225	
6	active		act=ag=ig=to do,to drive [L]	7136	30363	18750	
7	alternative		alter=the other [L]	8484	26526	17505	
8	conservative	con-=com=together [L]	serv=to serve,to keep [L]	6920	27822	17371	
9	expensive	ex-=out [L]	pend=pens=pond=penc=to hang, to weigh,to pay,to consider [L]	5666	24982	15324	

续表

序号	单词	前缀及语源	词根及语源	BNC频率	COCA频率	频率均值	多后缀构词中的其他后缀
10	perspective	per-=through, thoroughly,falsely,to destruct [L]	spect=spec=spic=spi=spy= to look,to see [L]	3013	26007	14510	
11	massive			4234	24135	14185	
12	relative	re-=again,against,back [L]	lat=to carry,to bear [L]	5763	20023	12893	
13	creative		creat=to make [L]	2442	20117	11280	
14	narrative		narr=tell [L]	1672	18734	10203	
15	competitive	com-=together [L]	pet=peat=pit=to seek,to rush, to strive [L]	3632	16719	10176	
16	representative	re-=again,against,back; pre-=before,beforehand,in front* [L][L]	s-=esse=to be [L]	3645	16249	9947	-ent=表示具有……性质的人
17	objective	ob-=oc-=of-=op-=os-=o-=to,against,over,intensive,in front of [L]	ject=jac=jet=to throw [L]	4566	14619	9593	
18	sensitive		sent=sens=to feel [L]	3546	14856	9201	
19	initiative	in-=into,in [L]	it=i=to go [L]	3569	14302	8936	
20	attractive	at-=ad-=to [L]	tract=tra=treat=to draw [L]	5000	12409	8705	
21	festival		fest=festival,holiday [L]	2992	14329	8661	-al=表示……的,状况,人
22	extensive	ex-=out [L]	tend=tent=tens=to stretch [L]	4018	13036	8527	

续表

序号	单词	前缀及语源	词根及语源	BNC频率	COCA频率	频率均值	多后缀构词中的其他后缀
23	comprehensive	com-=together [L]	prehens=prehend=pren=pregn=priev=to take,to seize [L]	3535	13467	8501	
24	aggressive	ag-=ad-=to [L]	gress=grad=gred=to go [L]	1887	14823	8355	
25	*offensive	ob-=oc-=of-=op-=os-=o-=to,against,over,intensive,in front of [L]	fend=fens=to strike [L]	1427	15039	8233	
26	impressive	in-=im-=on [L]	press=to press [L]	2844	11977	7411	
27	collective	col-=com-=together [L]	lect=leg=leag=to gather, to choose,to send,to read,law [L]	2562	12218	7390	
28	motivation		mob=mov=mot=to move [L]	1498	13084	7291	-ion=-tion=-ition=-ation=表示动作或状态,物
29	defensive	de-=down,from,away,off [L]	fend=fens=to strike [L]	1229	13183	7206	
30	cognitive	co-=com-=together [L]	gnor=gnos=gn=n=to know [L]	1197	12467	6832	
31	administrative	ad-=to [L]	minister=ministrat=to serve [L]	3477	9881	6679	
32	legislative		lect=leg=lig=leag=to gather,to choose,to send,to read,law;lat=to carry,to bear* [L][L]	1807	11041	6424	-is=性质,情况
33	detective	de-=reverse the action of [L]	tect=teg=to cover [L]	1529	9923	5726	

续表

序号	单词	前缀及语源	词根及语源	BNC频率	COCA频率	频率均值	多后缀构词中的其他后缀
34	exclusive	ex-=out [L]	clud=clus=clos=claus=to shut [L]	2034	8564	5299	
35	progressive	pro-=forward,before,in favor of,in place of [L]	gress=grad=gred=to go [L]	1735	7511	4623	
36	productive	pro-=forward,before,in favor of,in place of [L]	duc=duct=du=to lead [L]	1359	7873	4616	
37	protective	pro-=forward,before,in favor of,in place of [L]	tect=teg=to cover [L]	1251	7545	4398	
38	incentive	in-=in,on [L]	cant=cent=to sing [L]	1279	7147	4213	
39	exclusively	ex-=out [L]	clud=clus=clos=claus=to shut [L]	1664	6605	4135	-ly=表示……地,像……的
40	interactive	inter-=between [L]	act=ag=ig=to do,to drive [L]	841	7341	4091	
41	cooperative	co-=com-=together [L]	oper=to work,riches [L]	602	7560	4081	
42	excessive	ex-=out [L]	ced=cess=ceed=ceas=go,let go [L]	1700	6350	4025	
43	creativity		creat=to make [L]	811	7218	4015	-ity=-ty=表示特性,状态
44	sensitivity		sent=sens=to feel [L]	1562	6269	3916	-ity=-ty=表示特性,状态
45	intensive	in-=into [L]	tend=tent=tens=to stretch [L]	1758	5680	3719	

续表

序号	单词	前缀及语源	词根及语源	BNC频率	COCA频率	频率均值	多后缀构词中的其他后缀
46	supportive	sub-=suf-=sug-=sum-=sup-=sur-=sus-=su-=under,incompletely,further [L]	port=to carry [L]	781	6532	3657	
47	consecutive	con-=com-=together [L]	sequ=secut=su=to follow [L]	716	6315	3516	
48	activist		act=ag-=ig=to do,to drive [L]	322	6399	3361	-ist=表示人
49	primitive		prim=prem=prin=pri=first [L]	1784	4885	3335	
50	prospective	pro-=forward,before,in favor of,in place of [L]	spect=spec=spic=spi=spy=to look,to see [L]	1315	5099	3207	
51	affirmative	af-=ad-=to [L]	firm=strong [L]	237	6131	3184	
52	passive		path=pat=pass=to feel,to suffer [GK]	1402	4651	3027	
53	distinctive	dis-=dif-=di-=apart,away,not,undo,lack of [L]	stinct=sting=stig=sti=to prick,to bind [L]		6006	3003	
54	explosive	ex-=out [L]	plaud=plaus=plod=plos=plex=to strike [L]	791	5051	2921	
55	subjective	sub-=suf-=sug-=sum-=sup-=sur-=sus-=su-=under,incompletely,further [L]	ject=jac=jet=to throw [L]	1133	4524	2829	

续表

序号	单词	前缀及语源	词根及语源	BNC 频率	COCA 频率	频率均值	多后缀构词中的其他后缀
56	comparative	com-=together [L]	par=pear=pair=peer=per=pir=arrange,appear,produce,equal [L]	1390	4251	2821	
57	respective	re-=again,against,back [L]	spect=spec=spic=spi=spy=to look,to see [L]	1203	4436	2820	
58	selective	se-=sed-=away,apart,aside [L]	lect=leg=lig=leg=to gather,to choose,to send,to read,law [L]	1293	3977	2635	
59	destructive	de-=down,from,away,off [L]	struct=stru=to build [L]	775	4223	2499	
60	decisive	de-=down,from,away,off [L]	cis=cid=cas=chis=to cut [L]	1181	3709	2445	
61	descriptive	de-=down,from,away,off [L]	scrib=script=to write [L]	673	3786	2230	
62	imperative	in-=im-=in,intensive [L]	par=pear=pair=peer=per=pir=arrange,appear,produce,equal [L]	580	3807	2194	
63	decorative		decor=ornament [L]	915	3433	2174	
64	successive	sub-=suf-=sug-=sum-=sup-=sur-=sus-=su-=under,incompletely,further [L]	ced=cess=ceed=ceas=go,let go [L]	1837	2497	2167	
65	lucrative		lucrat=gainful,profitable [L]	507	3803	2155	

续表

序号	单词	前缀及语源	词根及语源	BNC 频率	COCA 频率	频率均值	多后缀构词中的其他后缀
66	*substantive	sub-=suf-=sug-=sum-=sup-=sur-=sus-=su-=under,incompletely,further [L]	sist=st=stat=stit=stant=stin=to stand [L]	945	3169	2057	
67	responsive	re-=again,against,back [L]	spond=spons=spous=to promise, to answer [L]	616	3348	1982	
68	inclusive	in-=in [L]	clud=clus=clos=claus=to shut [L]	403	3553	1978	
69	*definitive	de-=down,from,away,off [L]	fin=end,limit [L]	581	3369	1975	
70	constructive	con-=com-=together [L]	struct=stru=to build [L]	972	2898	1935	
71	ineffective	in-=not,ef-=ex-=out* [L][L]	fect=fact=fict=fair=fic=fit=feit=fac=fec=feas=feat=to make,to do, to like [L]	658	3187	1923	
72	*elusive	e-=ex-=out [L]	lud=lus=to laugh,to play [L]	614	3166	1890	
73	imaginative		image=imagin=copy [L]	1017	2731	1874	
74	*directive	dis-=dif-=di-=apart,away,not,undo,lack of [L]	rect=reg=rig=to set right,rectify [L]	1729	1712	1721	
75	abusive	ab-=away,from,to [L]	us=ut=to use [L]	276	3047	1662	
76	provocative	pro-=forward,before,in favor of, in place of [L]	voc=vok=vow=vouc=voic=call [L]	349	2959	1654	

续表

序号	单词	前缀及语源	词根及语源	BNC频率	COCA频率	频率均值	多后缀构词中的其他后缀
77	expressive	ex-=out [L]	press=to press [L]	515	2789	1652	
78	*cumulative		cumul=to heap up [L]	698	2475	1587	
79	restrictive	re-=again,against,back [L]	strain=strict=string=stress=strang=to tie,to draw tight [L]	887	2286	1587	
80	*tentative		tend=tent=tens=to stretch [L]	558	2528	1543	
81	comparatively	com-=together [L]	par=pear=pair=peer=per=pir=arrange,appear,produce,equal [L]	1169	1693	1431	-ly=表示……地,像……的
82	captive		cept=cap=capt=ceiv=ceit=cip=cup=to take,to seize,head [L]	397	2461	1429	
83	*intuitive	in-=at,on [L]	tui=to look at,watch over [L]	422	2430	1426	
84	motivate		mob=mov=mot=to move [L]	238	2582	1410	-ate=表示有……性质的,人,使之成……
85	persuasive	per-=through,thoroughly,falsely;to destruct [L]	suad=suas=suav=to persuade,advise [L]	535	2243	1389	
86	operative		oper=to work,riches [L]	384	2344	1364	
87	*retrospective	retro-=backward,behind [L]	spect=spec=spic=spi=spy=to look,to see [L]	540	2175	1358	
88	authoritative		auct=auth=auxili=to increase,to help [L]	608	2087	1348	-or=表示人,器物,状态,性质

续表

序号	单词	前缀及语源	词根及语源	BNC频率	COCA频率	频率均值	多后缀构词中的其他后缀
89	indicative	in-=in,to [L]	dict=dic=to say,to proclaim,to allot [L]	506	2115	1311	
90	*archive		arch=arc=first,old,chief,ruler,bow [GK]	686	1861	1274	
91	speculative		spect=spec=spic=spy=to look,to see [L]	658	1791	1225	
92	conservatism	con-=com-=together [L]	serv=to serve,to keep [L]	473	1960	1217	-ism=表示主义,宗教,学术,制度
93	informative	in-=into [L]	form=to form [L]	542	1862	1202	
94	oppressive	ob-=oc-=of-=op-=os-=to,against,over,intensive,in front of [L]	press=to press [L]	438	1941	1190	
95	*punitive		pen=pun=poen=punish [L]	279	2083	1181	
96	receptive	re-=again,against,back [L]	cept=cap=capt=ceiv=ceit=cip=cup=to take,to seize,head [L]	340	1944	1142	
97	*addictive	ad-=to [L]	dict=dic=to say,to proclaim,to allot [L]	555	1727	1141	
98	*formative		form=to form [L]	367	1879	1123	
99	*expansive	ex-=out [L]	pand=pans=to spread out [L]	184	2031	1108	
100	festive		fest=festival,holiday [L]	385	1742	1064	
101	*obsessive	ob-=oc-=of-=op-=os-=to,against,over,intensive,in front of [L]	sess=sid=sed=to sit [L]	297	1823	1060	

续表

序号	单词	前缀及语源	词根及语源	BNC频率	COCA频率	频率均值	多后缀构词中的其他后缀
102	repetitive	re-=again,against,back [L]	pet=peat=pit=to seek,to rush, to strive [L]	444	1633	1039	
103	*fugitive		fug=to flee [L]	154	1908	1031	
104	attentive	at-=ad-=to [L]	tend=tent=tens=to stretch [L]	237	1811	1024	
105	cultivate		cult=col=neck,to till,to inhabit,glue [L]	280	1719	1000	-ate=表示……性质的,人,使之成…… ……

-ive的变体：-ative=-itive=表示有…性质的,人或物[L]

12 -ly=表示……地,像……的 [ME],[能产性等级：5]

序号	单词	前缀及语源	词根及语源	BNC频率	COCA频率	频率均值	多后缀构词中的其他后缀
1	really		re-=matter,thing [L]	45814	308393	177104	-al=表示……的,状况,人
2	actually		act=ag=ig=to do,to drive [L]	25221	124370	74796	-al=表示……的,状况,人
3	probably		prov=prob=good,to try,test [L]	26239	113087	69663	-able=-ible =able to be
4	likely			22798	101579	62189	
5	finally		fin=end,limit [L]	12391	92976	52684	-al=表示……的,状况,人

续表

序号	单词	前缀及语源	词根及语源	BNC频率	COCA频率	频率均值	多后缀构词中的其他后缀
6	especially	e-=ex-=out [L]	spect=spec=spic=spi=spy=to look, to see [L]	17149	87676	52413	-ial=表示有……的
7	nearly			11007	87907	49457	
8	simply			17099	75025	46062	
9	usually		usual [L]	18711	67433	43072	-al=表示……的,状况,人
10	certainly		cert=sure [L]	17964	67219	42592	-ain=与……相关的人或事物
11	particularly		part=to divide,a party,a part [L]	21509	57021	39265	-ar=-ular =icular=表示……的,物,人
12	exactly	ex-=intensive [L]	act=ag=ig=to do,to drive [L]	10188	61601	35895	
13	suddenly			10919	48019	29469	
14	immediately	in-=im-=not [L]	medi=middle [L]	10013	43951	26982	-ate=表示有……性质的,人,使之成……
15	generally		gen=gn=gener=birth,race,produce [L]	11355	41680	26518	-al=表示……的,状况,人
16	absolutely	ab-=away,from,to [L]	solv=solu=solut=to free,relax [L]	5619	43187	24403	
17	eventually	e-=ex-=out [L]	vent=ven=to come [L]	8781	39544	24163	-al=表示……的,状况,人

续表

序号	单词	前缀及语源	词根及语源	BNC频率	COCA频率	频率均值	多后缀构词中的其他后缀
18	highly			8910	38473	23692	
19	directly	dis-=dif-=di-=apart,away,not,undo,lack of [L]	rect=reg=rig=to set right,rectify [L]	8522	38467	23495	
20	completely	com-=together [L]	plet=pli=plen=ple=ply=fill,full [L]	8237	37697	22967	
21	easily			9534	36057	22796	
22	slowly			7335	37189	22262	
23	mostly			3763	38668	21216	
24	fully			8693	33315	21004	
25	slightly			8504	30862	19683	
26	rarely		rar=rare,thin [L]	21310	17036	19173	
27	apparently	ap-=ad-=to [L]	par=pear=pair=peer=per=pir=arrange,appear,produce,equal [L]	7477	30033	18755	-ent=表示具有……性质的，人
28	increasingly	in-=in [L]	cre=cru=to grow,to increase [L]	6494	30693	18594	-ing=行为,状态,情况
29	hardly			8323	25740	17032	
30	carefully		care=care,dear [E]	6752	25705	16229	-ful=表示具有……性质的
31	currently		curs=cur=cour=cours=cor=to run [L]	6906	25144	16025	-ent=表示具有……性质的，人
32	frequently			5667	26174	15921	

续表

序号	单词	前缀及语源	词根及语源	BNC频率	COCA频率	频率均值	多后缀构词中的其他后缀
33	possibly		pot=poss=pow=powerful,capable of [L]	6974	23993	15484	-able=-ible =able to be
34	basically		bas=base,bottom,to lower [L]	3017	27060	15039	-ical=表示……的
35	merely			7373	22232	14803	
36	necessarily		necess=unavoidable,indispensable [L]	5567	23937	14752	-ary=表示……的,人
37	entirely			6689	21664	14177	
38	truly			3091	23592	13342	
39	closely		clud=clus=clos=claus=to shut [L]	5397	19556	12477	
40	definitely	de-=down,from,away,off [L]	fin=end,limit [L]	3009	21731	12370	-ite=表示有……性质,人或物
41	normally		norm=rule,standard [L]	8051	16029	12040	-al=表示……的,状况,人
42	fairly			6506	17443	11975	
43	barely			2160	21575	11868	
44	equally		equ=iqu=equal,same [L]	6410	16103	11257	-al=表示……的,状况,人
45	deeply			3544	18225	10885	
46	surely		sur=certain [L]	5970	15634	10802	

续表

序号	单词	前缀及语源	词根及语源	BNC频率	COCA频率	频率均值	多后缀构词中的其他后缀
47	unlikely	un-=not,lack of,reverse of [E]		5480	15704	10592	
48	initially	in-=into,in [L]	it-i-=to go [L]	3767	16437	10102	-al=表示……的,状况,人
49	*literally		liter=letter [L]	1911	18288	10100	-al=表示……的,状况,人
50	rapidly		rap=rav=rep=to take,to snatch [L]	4457	14492	9475	-id=表示有……性质的
51	friendly			3866	14764	9315	
52	lovely			6000	12179	9090	
53	partly		part=to divide,a party,a part [L]	5521	12467	8994	
54	newly			2630	15323	8977	
55	constantly	con-=com-=together [L]	sist=st=stat=stit=stant=stin=to stand [L]	2961	14907	8934	
56	elderly			4877	12190	8534	
57	weekly			2432	14291	8362	
58	gradually		gress=grad=gred=to go [L]	3554	13150	8352	-al=表示……的,状况,人
59	roughly			2266	14318	8292	
60	shortly			3685	12222	7954	
61	briefly		brev=to shorten [L]	3152	11403	7278	
62	greatly			3267	10740	7004	

续表

序号	单词	前缀及语源	词根及语源	BNC频率	COCA频率	频率均值	多后缀构词中的其他后缀
63	monthly		mon=moon [OE]	1950	11484	6717	-th=第……；……行为,……性质或状态
64	frankly		franc=free [OF]	913	11529	6221	
65	ugly			1271	11019	6145	
66	repeatedly	re-=again,against,back [L]	pet=peat=pit=to seek,to rush, to strive [L]	1237	10459	5848	-ed=有……的
67	simultaneously		simil=simul=same,equal [L]	1715	9064	5390	-aneous=有……特征的,属于……的
68	softly			2272	8215	5244	
69	readily			2764	7716	5240	
70	seemingly			1180	9139	5160	-ing=行为,状态,情况
71	lonely			1634	8595	5115	
72	instantly	in-=on [L]	sist=st=stat=stit=stant=stin=to stand [L]	1498	8489	4994	
73	presumably	pre-=before,beforehand,in front [L]	sum=sumpt=to take,to use,to waste [L]	3175	6731	4953	-able=-ible=able to be
74	incredibly	in-=not [L]	cred=cre=creed=to believe,to trust [L]	767	9056	4912	-able=-ible=able to be
75	consequently	con-=com-=together [L]	sequ=secut=su=to follow [L]	2472	7160	4816	-ent=表示具有……性质的人
76	deadly			780	8779	4780	

续表

序号	单词	前缀及语源	词根及语源	BNC频率	COCA频率	频率均值	多后缀构词中的其他后缀
77	fortunately			1584	7608	4596	-ate=表示有……性质的,人,使之成……
78	likelihood			1177	7886	4532	-hood=heid=表示状态,性质
79	honestly			1369	7453	4411	
80	formerly		form=to form [L]	1939	6707	4323	-er=表示人或物
81	deliberately	de-=thoroughly,completely [L]	liber=libr=to weigh,to balance,free [L]	2664	5971	4318	
82	happily		hap=chance,good luck [OE]	1699	6828	4264	
83	desperately	de-=without [L]	sper=spair=hope [L]	1815	6455	4135	-ate=表示有……性质的,人,使之成……
84	exclusively	ex-=out [L]	clud=clus=clos=claus=to shut [L]	1664	6605	4135	-ive=-ative=-itive=表示有……性质的,人或物
85	freely			1543	6565	4054	
86	solely		sol=comfort,sun,alone,entire [L]	1625	6155	3890	
87	*purely		pur=clean [L]	2504	5183	3844	
88	costly			1104	6535	3820	
89	namely			2130	5412	3771	

续表

序号	单词	前缀及语源	词根及语源	BNC频率	COCA频率	频率均值	多后缀构词中的其他后缀
90	allegedly	al-=ad-=to [L]	lect=leg=lig=leag=to gather,to choose,to send,to read,law [L]	1006	6434	3720	-ed=有……的
91	accordingly	ac-=ad-=to [L]	cord=cour=cor=heart [L]	2270	4850	3560	
92	separately	se-=sed-=away,apart,aside [L]	par=pear=pair=peer=per=pir=arrange,appear,produce,equal [L]	1729	4927	3328	-ate=表示有……性质的,人,使之成……
93	abruptly	ab-=away,from,to [L]	rupt=to break [L]	1146	5327	3237	
94	lively			1412	4495	2954	
95	wholly			2208	3550	2879	
96	*finely		fin=end,limit [L]	678	4903	2791	
97	*nicely			896	4657	2777	-ion=-tion
98	additionally	ad-=to [L]	d=dare=to put [L]	564	4798	2681	-ition=-ation=表示动作或状态,物
99	evidently	e-=ex-=out [L]	vis=vid=vic=view=voy=vey=vei=vy=vi=ud=to look,to see [L]	1421	3558	2490	-ent=表示具有……性质的人
100	*overly			173	4621	2397	
101	vaguely		vag=to wander [L]	922	3790	2356	-ar=-ular
102	*scholarly		schol=leisure,employed in learning [L]	463	3898	2181	-icular=表示……的,物,人

续表

序号	单词	前缀及语源	词根及语源	BNC频率	COCA频率	频率均值	多后缀构词中的其他后缀
103	*rightly		rect=reg=rig=to set right,rectify [L]	1445	2687	2066	
104	kindly			1195	2547	1871	
105	presently	pre-=before,beforehand,in front [L]	s=esse=to be [L]	959	2755	1857	-ent=表示具有……性质的人
106	orderly		ord=ordin=ordain=to order [L]	551	3144	1848	-er=表示人或物
107	angrily		ang=angr=vexation(恼怒),distress(苦恼) [L]	1030	2473	1752	
108	*timely			389	2923	1656	
109	incidentally	in-=into [L]	cas=cid=cad=to fall [L]	1011	2214	1613	-ent=表示具有……性质的人
110	comparatively	com-=together [L]	par=pear=pair=peer=per=pir=arrange,appear,produce,equal [L]	1169	1693	1431	-ive=-ative=-itive=表示有……性质的,人或物
111	decidedly	de-=down,from,away,off [L]	cis=cid=cas=chis=to cut [L]	416	2373	1395	-ed=有……的
112	admittedly	ad-=to [L]	mit=miss=mis=mess=to send [L]	696	2061	1379	-ed=有……的
113	*ostensibly	ob-=oc-=of-=op-=os-=o-=to,against,over,intensive,in front of [L]	tend=tent=tens=to stretch [L]	407	2219	1313	-able=-ible=able to be
114	immensely	in-=im-=not [L]	meas=mens=to measure [L]	641	1776	1209	

续表

序号	单词	前缀及语源	词根及语源	BNC 频率	COCA 频率	频率均值	多后缀构词中的其他后缀
115	subtly	sub-=suf-=sug-=sum-=sup-=sur-=sus-=su-=under, incompletely,further [L]	text=to weave [L]	342	1809	1076	

13　-ic＝表示……的 [L]，【能产性等级：5】

序号	单词	前缀及语源	词根及语源	BNC 频率	COCA 频率	频率均值	多后缀构词中的其他后缀
1	public		popul=publ=people [L]	38032	195093	116563	
2	music		mus=muscle,muse [L]	14433	142178	78306	-nom=-nomy =the law or science of
3	economic		eco=ecu=oce=house [L]	22683	101657	62170	
4	democratic		dem=people;crat=cracy=to govern* [GK][GK]	5471	52975	29223	-an=表示……地方的人,属于……的
5	republican		re=matter,thing;popul=publ=people* [L][L]	1697	55072	28385	
6	basic		bas=base,bottom,to lower [L]	10797	39299	25048	
7	domestic		dom=house;est=ess=ent=to be* [L][L]	6744	27446	17095	-ine=具有……性质的
8	medicine		med=to heal,to attend to [L]	2725	30648	16687	

续表

序号	单词	前缀及语源	词根及语源	BNC 频率	COCA 频率	频率均值	多后缀构词中的其他后缀
9	catholic	cata-=down,completely [GK]	hol=whole [GK]	3843	28798	16321	
10	plastic		plas=to form [GK]	3881	26705	15293	
11	communication	com-=together [L]	mun=public,share,service,duty,function [L]	6043	21805	13924	-ion=tion =ition=ation= 表示动作或状态,物
12	ethnic		ethn=race,nation [GK]	2238	24457	13348	
13	classic			3314	20499	11907	
14	*electric		electr=electric [L]	3462	18366	10914	
15	criticism		cris=crit=judge,discern [L]	4573	16848	10711	-ism=表示主义,宗教,学术,制度,特征
16	historic		histor=wise man,judge [GK]	2266	17986	10126	
17	republic		re=matter,thing;popul=publ=people* [L][L]	4065	15385	9725	
18	electronic		electr=electric [L]	3357	15960	9659	-on=表示人,物,……核子
19	technique		techn=art,skill [L]	4555	14483	9519	
20	organic		organ=organ,instrument,tool [GK]	2099	15517	8808	

续表

序号	单词	前缀及语源	词根及语源	BNC 频率	COCA 频率	频率均值	多后缀构词中的其他后缀
21	*electricity		electr=electric [L]	3737	13714	8726	-ity=-ty=表示特性,状态
22	strategic		strat=army;spread;act=ag=ig=to do, to drive* [L][L]	2988	14397	8693	
23	Olympic			1317	15529	8423	
24	publication		popul=publ=people [L]	3655	9420	6538	-ion=-tion=-ition=-ation=表示动作或状态,物
25	logic		log=logue=speech,a subject of study [L]	2215	10631	6423	
26	clinic		clin=cli=to bend [L]	1404	11234	6319	
27	artistic		art=arthr=art,skill,joint [L]	1526	10406	5966	-ist=表示人
28	dynamic		dyn=dynam=power [GK]	1713	9775	5744	
29	chronic		chron=time [GK]	1676	9727	5702	
30	judicial		jud=to judge [L]	2406	8609	5508	-ial=表示具有……的
31	diplomatic	di-=two,twice,completely [GK]	ply=plic=pli=plex=ple=plo=to fold [L]	1883	8137	5010	
32	automatic		auto=self;mate=moving* [GK][GK]	2279	7672	4976	-oma=-omat=名词后缀

续表

序号	单词	前缀及语源	词根及语源	BNC频率	COCA频率	频率均值	多后缀构词中的其他后缀
33	ridiculous		rid=ris=to laugh [L]	1761	7906	4834	-ous=-ulous=表示有……性质的，充满……的
34	rhetoric		rhetor=speaker,orator [GK]	943	8676	4810	
35	realistic		re=matter,thing [L]	1830	7633	4732	-ist=表示人
36	graphic		graph=gram=writing [GK]	767	8676	4722	
37	critic		cris=crit=judge,discern [L]	1096	8311	4704	
38	optimistic		optim=best [L]	1204	8167	4686	-ist=表示人
39	*medication		med=to heal,to attend to [L]	482	8402	4442	-ion=-tion=-ition=-ation=表示动作或状态，物
40	civic		civ=citizen [L]	976	7870	4423	
41	symbolic	syn=sym=sy=syl=together,with [GK]	bol=bal=bl=ball,dance,throw [GK]	1338	7498	4418	
42	tragic		trag=goat [GK]	1177	6803	3990	
43	comic		com=revel,hair,sleep [L]	1136	6461	3799	
44	fantastic		phan=phen=fan=to appear,show [GK]	1113	6464	3789	-ast=与……相关的人

续表

序号	单词	前缀及语源	词根及语源	BNC频率	COCA频率	频率均值	多后缀构词中的其他后缀
45	*medicaid		med=to heal,to attend to [L]	27	7233	3630	
46	linguistic		lingu=language,tongue [L]	2458	4706	3582	-ist=表示人
47	geographic		ge=geo=earth;graph=gram=writing* [GK][GK]	292	6518	3405	
48	enthusiastic	en-=em-=in,on,cause to be,make,not,intensive [F]	thus=god [GK]	1398	4568	2983	-ast=与……相关的人
49	atomic	a-=no [OE]	tom=tem=to cut [GK]	1067	4741	2904	
50	ironic			695	5038	2867	
51	*critique		cris=crit=judge,discern [L]	875	4811	2843	
52	epidemic	epi-=upon,among,after,in addition [GK]	dem=people [GK]	524	5152	2838	
53	arctic		arct=bear [GK]	859	4482	2671	
54	*generic		gen=gn=gener=birth,race,produce [L]	606	4242	2424	
55	heroic			578	4230	2404	
56	diagnostic	dia-=through,thoroughly,across,between [GK]	gnor=gnos=gn=n=to know [L]	734	3928	2331	
57	cosmic		cosm=universe [L]	375	4173	2274	
58	synthetic	syn-=sym-=sy-=syl-=together,with [GK]	thet=thes=thec=them=to place,to put [GK]	742	3543	2143	

续表

序号	单词	前缀及语源	词根及语源	BNC频率	COCA频率	频率均值	多后缀构词中的其他后缀
59	poetic			704	3381	2043	
60	atmospheric		atmo=air,vapor;sphere=ball,globe* [GK][GK]	642	3422	2032	
61	simplicity			917	3093	2005	-ity=-ty=表示特性,状态
62	alcoholic		al=the,all,to nourish;cohol=a distilled or rectified spirit* [L][L]	762	3132	1947	
63	criticize		cris=crit=judge,discern [L]	300	3440	1870	-ize=表示实行,受……支配
64	Gothic			1165	2340	1753	
65	gigantic		gigan=giant [L]	397	3015	1706	
66	tactic		tact=tang=ting=tig=tag=to touch [L]	415	2952	1684	
67	*ethic		eth=character,custom [GK]	255	3044	1650	
68	cubic		cumb=cub=to lean,to lie [L]	433	2823	1628	
69	periodic	peri-=around,near [GK]	hod=od=path,way [GK]	563	2676	1620	
70	patriotic		patr=pater=father,country [L]	543	2641	1592	-ot=表示具有……特征的人,小
71	metallic			429	2658	1544	

续表

序号	单词	前缀及语源	词根及语源	BNC频率	COCA频率	频率均值	多后缀构词中的其他后缀
72	mechanic		mechan=machine or instrument [GK]	288	2721	1505	
73	*eccentric	ec-=ex-=out [L]	centr=center [L]	599	2260	1430	
74	scenic		scen=to set [L]	274	2490	1382	
75	cosmetic		cosmet=beauty [L]	385	2369	1377	
76	*gastric		gastr=stomach [GK]	2078	627	1353	
77	rhythmic		rhythm=measured flow [GK]	490	2176	1333	
78	physicist		physi=nature [GK]	260	2387	1324	-ist=表示人
79	geometric		ge=geo=earth;meter=metr=measure* [GK][GK]	581	2022	1302	
80	metric		meter=metr=measure [GK]	381	2156	1269	
81	*titanic		titan=enormous size or ability [GK]	154	2375	1265	
82	*Catholicism	cata-=down,completely [GK]	hol=whole [GK]	321	2188	1255	-ism=表示主义,宗教,学术,制度,特征
83	*mimic		mim=to imitate [L]	244	2130	1187	
84	elastic		elast=flexible [L]	565	1709	1137	
85	*lyric		lyric=...	278	1919	1099	
86	*hydraulic		hydr=water [GK]	260	1903	1082	
87	pessimistic		pessim=worst [L]	374	1686	1030	-ist=表示人
88	majestic		maj=greater [L]	279	1740	1010	

续表

序号	单词	前缀及语源	词根及语源	BNC频率	COCA频率	频率均值	多后缀构词中的其他后缀
89	*ludicrous		lud=lus=to laugh,to play [L]	415	1591	1003	-ous=-ious=表示有……性质的,充满……的

14 -or=-ator=-itor=表示人，器物，状态，性质 [L]，【能产性等级：5】

序号	单词	前缀及语源	词根及语源	BNC频率	COCA频率	频率均值	多后缀构词中的其他后缀
1	director	dis-=dif-=di-=apart,away,not,undo,lack of [L]	rect=reg=rig=to set right,rectify [L]	11938	81202	46570	
2	author		auct=auth=auxili=to increase,to help [L]	4245	53151	28698	
3	majority		maj=greater [L]	9634	47533	28584	-ity=-ty=表示特性,状态
4	doctor		doc=doct=teach [L]	10066	45952	28009	
5	authority		auct=auth=auxili=to increase,to help [L]	18091	33497	25794	-ity=-ty=表示特性,状态
6	professor	pro-=forward,before,in favor of,in place of [L]	fa=fam=fat=fess=to say [L]	4887	46386	25637	
7	governor			2205	44651	23428	
8	editor	e-=ex-=out [L]	dot=don=dow=dos=dat=dit=to give [L]	3728	41120	22424	

续表

序号	单词	前缀及语源	词根及语源	BNC频率	COCA频率	频率均值	多后缀构词中的其他后缀
9	senator		sen=old [L]	649	43086	21868	
10	factor		fect=fact=fair=fict=fit=feit=fac= fec=feas=feat=to make,to do,to like [L]	6159	30257	18208	
11	prior		prim=prem=prin=pri=first [L]	4712	21572	13142	
12	minority		min=men=small,project,hang [L]	3351	22432	12892	-ity=-ty=表示特性,状态
13	mirror		mir=to wonder [L]	3642	21669	12656	
14	sector		sect=to cut [L]	8617	16669	12643	
15	monitor		mon=min=to warn,advise,remind [L]	2116	19903	11010	
16	minor		min=men=small,project,hang [L]	4824	16972	10898	
17	motor		mob=mov=mot=to move [L]	4632	14826	9729	
18	actor		act=ag=ig=to do,to drive [L]	1963	17387	9675	
19	narrator		narr=tell [L]	383	15628	8006	
20	terrorist		terr=to frighten,earth [L]	778	14511	7645	-ist=表示人
21	error		err=arr=wander [L]	3746	11514	7630	
22	priority		prim=prem=prin=pri=first [L]	3341	11729	7535	-ity=-ty=表示特性,状态

续表

序号	单词	前缀及语源	词根及语源	BNC频率	COCA频率	频率均值	多后缀构词中的其他后缀
23	terror		terr=to frighten,earth [L]	1397	13659	7528	
24	humor		hom=hum=man,earth [GK]	13	12815	6414	
25	ambassador	ambi-=amb-=around,both [L]	act=ag=ig=to do,to drive [L]	1103	11215	6159	
26	horror		hor=to shudder,to bound,hour [L]	1959	9611	5785	
27	editorial	e-=ex-=out [L]	dot=don=dow=dos=dat=dit=to give [L]	1081	9456	5269	-ial=表示具有……的
28	employer	en-=em-=in,on,cause to be,make,not,intensive [F]	ply=plic=pli=plex=ple=plo=to fold [L]	2991	7058	5025	
29	visitor		vis=vid=vic=view=voy=vey=vei=vy= vi=ud=to look,to see [L]	2098	7560	4829	
30	victor		vict=vinc=to conquer,to show [L]	1076	8146	4611	
31	instructor	in-=on [L]	struct=stru=to build [L]	563	8398	4481	
32	operator		oper=to work,riches [L]	1506	7046	4276	
33	counselor	coun-=com-=together [L]	sult=sul=sel=to call together,take advice [L]	613	7394	4004	
34	emperor	en-=em-=in,on,cause to be,make,not,intensive [F]	par=pear=pair=peer=per=pir =arrange,appear,produce,equal [L]	2094	5133	3614	
35	elevator	e-=ex-=out [L]	lev=liev=raise,lift,light,smooth [L]	190	6974	3582	

续表

序号	单词	前缀及语源	词根及语源	BNC频率	COCA频率	频率均值	多后缀构词中的其他后缀
36	refrigerator	re-=again,against,back [L]	frig=cold [L]	289	6383	3336	-er=表示人或物
37	administrator	ad-=to [L]	minister=ministrat=to serve [L]	673	5776	3225	
38	investor	in-=in [L]	vest=to dress [L]	819	5401	3110	
39	investigator	in-=in,into [L]	vestig=to track,trace [L]	382	5717	3050	
40	indicator	in-=in,to [L]	dict=dic=to say,to proclaim,to allot [L]	818	4567	2693	
41	liquor		liqu=flow [L]	417	4875	2646	
42	notorious		not=to mark,observe,know [L]	862	4398	2630	-ous=-ious=表示具有……性质的,充满……的
43	translator	trans-=tran-=tra-=across,over,beyond [L]	lat=to carry,to bear [L]	205	4953	2579	
44	vigorous		vig=veg=to live,lively [L]	955	4190	2573	
45	successor	sub-=suf-=sug-=sum-=sup-=sur-=sus-=su-=under,incompletely,further [L]	ced=cess=ceed=ceas=go,let go [L]	1394	3693	2544	
46	sponsor		spons=spous=to promise,to answer [L]	723	4190	2457	
47	donor		dot=don=dow=dos=dat=dit=to give [L]	604	4047	2326	

续表

序号	单词	前缀及语源	词根及语源	BNC频率	COCA频率	频率均值	多后缀构词中的其他后缀
48	contractor	con-=com-=together [L]	tract=tra=treat=to draw [L]	706	3907	2307	
49	collector	col-=com-=together [L]	lect=leg=lig=leg=to gather, to choose,to send,to read,law [L]	1100	3480	2290	
50	survivor	super-=supr-=sur-=sopr-=sov-=over,above,beyond [L]	viv=vit=to live,life [L]	357	4048	2203	
51	exterior		exter=outward,outside [L]	661	3633	2147	
52	*rigorous		rect=reg=rig=to set right,rectify [L]	649	3566	2108	-ous=-ious=表示具有……性质的,充满……的
53	conductor	con-=com-=together [L]	duc=duct=du=to lead [L]	607	3291	1949	
54	solicitor		sol=comfort,sun,alone,entire;cit=to call,to arouse* [L][L]	811	3069	1940	
55	*pastoral		past=dough,to feed [OF]	721	3120	1921	-al=表示……的,状况,人
56	*authoritarian		auct=auth=auxili=to increase, to help [L]	487	3317	1902	-an=表示……地方的人,属于……的
57	armo(u)r		arm=weapon,arm [L]	5	3789	1897	
58	reactor	re-=again,against,back [L]	act=ag=ig=to do,to drive [L]	786	2965	1876	

续表

序号	单词	前缀及语源	词根及语源	BNC频率	COCA频率	频率均值	多后缀构词中的其他后缀
59	competitor	com-=together [L]	pet=peat=pit=to seek,to rush, to strive [L]	600	3111	1856	
60	predecessor	pre-=before,beforehand,in front;de-=down,from, away,off* [L][L]	ced=cess=ceed=ceas=go,let go [L]	877	2813	1845	
61	contributor	con-=com-=together [L]	tribut=to give,to pay [L]	283	3377	1830	
62	*curator		cur=to take care [L]	484	3120	1802	
63	educator	e-=ex-=out [L]	duc=duct=du=to lead [L]	53	3417	1735	
64	*juror		jur=to swear,law [L]	43	3392	1718	
65	electorate	e-=ex-=out [L]	lect=leg=lig=leag=to gather, to choose,to send,to read,law [L]	1044	2302	1673	-ate=表示 有……性质的, 人,使之成……
66	sailor		sal=sail=sil=saul= sul= to leap,salt,health [L]	444	2867	1656	
67	generator		gen=gn=gener=birth,race,produce [L]	434	2836	1635	
68	commentator	com-=together [L]	ment=mens=think,mind [L]	336	2729	1533	
69	tractor		tract=tra=treat=to draw [L]	523	2457	1490	
70	razor		ras=rad=raz=to rub,to scrape [L]	399	2557	1478	

续表

序号	单词	前缀及语源	词根及语源	BNC频率	COCA频率	频率均值	多后缀构词中的其他后缀
71	detector	de-=reverse the action of [L]	tect=teg=to cover [L]	534	2414	1474	
72	*sensor		sent=sens=to feel [L]	208	2735	1472	
73	dictator		dict=dic=to say,to proclaim,to allot [L]	275	2618	1447	
74	*censorship		cens=judge,assess [L]	673	2175	1424	-ship=表示关系,状态,性质;某种技能,职位,资格
75	spectator		spect=spec=spic=spi=spy=to look, to see [L]	467	2345	1406	
76	authoritative		auct=auth=auxili=to increase,to help [L]	608	2087	1348	-ive=-ative=-itive=表示有……性质的,人或物
77	dictatorship		dict=dic=to say,to proclaim,to allot [L]	406	2265	1336	-ship=表示关系,状态,性质;某种技能,职位,资格
78	councilor	coun-=com=together [L]	cil=to call [L]	2470	160	1315	
79	tutor		tu=to guard,to look after [L]	1094	1448	1271	-ship=表示关系,状态,性质;某种技能,职位,资格

续表

序号	单词	前缀及语源	词根及语源	BNC频率	COCA频率	频率均值	多后缀构词中的其他后缀
80	scissorship		scind=scis=to cut [L]	418	2099	1259	-ship=表示关系,状态,性质；某种技能,职位,资格
81	vigor		vig=veg=to live,lively [L]	527	1926	1227	
82	vapor		vap=steam [L]	2	2268	1135	
83	inventor	in-=on [L]	vent=ven=to come [L]	283	1984	1134	
84	humorous		hom=hum=man,earth [GK]	415	1848	1132	-ous=-ious=表示具有……性质的,充满……的
85	*demeanor	de-=thoroughly,completely [L]	men=mean=to lead [L]	1	2167	1084	
86	tailor		tail=cut [L]	388	1759	1074	
87	pictorial		pict=pig=to paint [L]	353	1733	1043	-ial=表示具有……的
88	sculptor		sculp=scalp=to carve [L]	362	1700	1031	
89	*tenor		tend=tent=tens=to stretch [L]	381	1658	1020	

-or的变体：-ator=-itor=表示人,器物,状态,性质[L]

15 –ment＝表示行为或结果 [L],［能产性等级：5］

序号	单词	前缀及语源	词根及语源	BNC频率	COCA频率	频率均值	多后缀构词中的其他后缀
1	government			99988	225564	162776	
2	moment			20654	119393	70024	
3	development	de-=reverse the action of [L]	velop=wrap up [L]	31711	96195	63953	
4	department	de-=down,from,away,off [L]	part=to divide,a party,a part [L]	17350	85664	51507	
5	management		manu=man=hand [L]	21584	58430	40007	-age=表示状态,情况,身份,场所等
6	movement		mob=mov=mot=to move [L]	13052	58378	35715	
7	treatment		tract=tra=treat=to draw [L]	12051	54225	33138	
8	environmental	en-=em-=in,on,cause to be,make,not,intensive [F]	viron=a circle,circuit [L]	8319	57014	32667	-al=表示……的,状况,人
9	environment	en-=em-=in,on,cause to be,make,not,intensive [F]	viron=a circle,circuit [L]	12773	48953	30863	
10	agreement	a-=to [OE]	gre=to please [L]	12754	34740	23747	
11	investment	in-=in [L]	vest=to dress [L]	10684	36694	23689	
12	statement		sist=st=stat=stit=stant=stin=to stand [L]	9588	32428	21008	-ate=表示有……性质的,人,使之成……

续表

序号	单词	前缀及语源	词根及语源	BNC频率	COCA频率	频率均值	多后缀构词中的其他后缀
13	equipment			8716	31098	19907	
14	argument		argu=make clear [L]	8154	25762	16958	
15	assessment	as-=ad-=to [L]	sess=sid=sed=to sit [L]	6668	26272	16470	
16	apartment	a-=away [OE]	part=to divide,a party,a part [L]	1221	29823	15522	
17	commitment	com=together [L]	mit=miss=mis=mess=to send [L]	5542	21661	13602	
18	employment	en-=em-=in,on,cause to be,make,not,intensive [F]	ply=plic=pli=plex=ple=plo=to fold [L]	10562	15523	13043	
19	fundamental		found=fund=to base,to establish [L]	4459	19038	11749	-al=表示……的,状况,人
20	improvement	in-=im-=into [L]	prov=prob=good,to try,test [L]	4123	16164	10144	
21	unemployment	un-=not,lack of,reverse of; en-=em-=in* [E][F]	ply=plic=pli=plex=ple=plo=to fold [L]	6315	13492	9904	
22	document		doc=doct=teach [L]	5157	13770	9464	
23	parliament		parler=to speak [F]	9389	9459	9424	
24	retirement	re-=again,against,back [L]	tir=draw out,endure,suffer [L]	3340	15492	9416	
25	entertainment	inter-=enter-=between [L]	tain=ten=tin=to hold [L]	1941	16186	9064	

续表

序号	单词	前缀及语源	词根及语源	BNC频率	COCA频率	频率均值	多后缀构词中的其他后缀
26	settlement		sess=sid=sed=to sit [L]	4476	13600	9038	-le=repeated action or movement, small thing
27	instrument	in-=on [L]	struct=stru=to build [L]	2554	15310	8932	
28	amendment	a-=away [OE]	mend=fault [L]	1770	15566	8668	
29	experiment	ex-=out [L]	per=pir=par=to try out,to risk [L]	3091	13879	8485	
30	establishment	e-=ex-=out [L]	sist=st=stat=stit=stant=stin=to stand [L]	3854	11492	7673	-ish=表示有……特征的,使……
31	payment			5320	8622	6971	
32	tournament		tour=turn [L]	1620	11871	6746	
33	punishment		pen=pun=poen=punish [L]	2191	10150	6171	-ish=表示有……特征的,使……
34	appointment	ap-=ad-=to [L]	punct=pung=punc=pounc=poign=pon=point=to prick [L]	4276	7719	5998	
35	excitement	ex-=out [L]	cit=to call,to arouse [L]	2476	9165	5821	
36	arrangement	ar-=ad-=to [L]	range=put into a rank [L]	3163	7921	5542	
37	implement	in-=im-=in [L]	ple=pli=plen=plet=ply=fill,full [L]	1516	9097	5307	

续表

序号	单词	前缀及语源	词根及语源	BNC频率	COCA频率	频率均值	多后缀构词中的其他后缀
38	requirement	re-=again,against,back [L]	quir=quisit=quest=quer=quist=to seek, to ask [L]	3194	7253	5224	
39	replacement	re-=again,against,back		2562	7710	5136	
40	engagement	en-=em-=in,on,cause to be,make,not,intensive [F]	gage=pledge [OF]	1195	8646	4921	
41	measurement		meas=mens=to measure [L]	1666	8108	4887	-ure=-ature =-iture=-ture=表示动作,过程,结果
42	basement		bas=base,bottom,to lower [L]	795	8510	4653	
43	adjustment	ad-=to [L]	just=right,exact [L]	1395	7855	4625	
44	*momentum			941	8128	4535	-ium=-um=部位, 场所,元素
45	segment		seg=to cut [L]	741	8225	4483	
46	assignment	as-=ad-=to [L]	sign=to mark,to sign [L]	1130	6799	3965	
47	documentary		doc=doct=teach [L]	848	6610	3729	-ary=表示……的, 人
48	parliamentary		parler=to speak [F]	4114	2886	3500	-ary=表示……的, 人
49	disappointment	dis-=dif-=di-= apart,away,not,undo,lack of;ap-=ad-=to* [L][L]	punct=pung=punc=pounc=poign= pon=point=to prick [L]	1451	5509	3480	

序号	单词	前缀及语源	词根及语源	BNC频率	COCA频率	频率均值	多后缀构词中的其他后缀
50	monument		mon=min=to warn,advise,remind [L]	703	5669	3186	
51	instrumental	in-=on [L]	struct=stru=to build [L]	890	5452	3171	-al=表示……的,状况,人
52	supplement	sub-=suf-=sug-=sum-=sup-=sur-=sus-=su-=under,incompletely,further [L]	ple=pli=plen=plet=ply=fill,full [L]	1399	4229	2814	
53	sentiment		sent=sens=to feel [L]	587	5015	2801	
54	testament		test=to bear witness [L]	1198	4289	2744	
55	embarrassment	en-=em-=in,on,cause to be,make,not,intensive [F]	bar=bar [L]	1241	4046	2644	
56	encouragement	en-=em-=in,on,cause to be,make,not,intensive [F]	cord=cour=cor=heart [L]	1450	3775	2613	-age=表示状态,情况,身份,场所等
57	pavement			1252	3449	2351	
58	resentment	re-=again,against,back [L]	sent=sens=to feel [L]	976	3698	2337	
59	attachment	at-=ad-=to [L]	tach=tack=fasten together [F]	760	3720	2240	
60	disagreement	dis-=dif-=di-=apart,away,not,undo,lack of;a-=to* [L][OE]	gre=to please [L]	764	3385	2075	

续表

序号	单词	前缀及语源	词根及语源	BNC频率	COCA频率	频率均值	多后缀构词中的其他后缀
61	amusement	a-=to [OE]	muse=to ponder,to stare fixedly [L]	920	3112	2016	
62	complement	com-=together [L]	plet=pli=plen=ple=ply=fill,full [L]	844	3049	1947	
63	enjoyment	en-=em-=in,on,cause to be,make,not,intensive [F]		1012	2874	1943	
64	accomplishment	ac-=ad-=to;com-=together* [L][L]	plet=pli=plen=ple=ply=fill,full [L]	126	3259	1693	-ish=表示有……特征的,使…
65	imprisonment	in-=im-=into [L]	pris=to take,to seize [L]	1403	1892	1648	-on=表示人,物
66	*complementary	com-=together [L]	plet=pli=plen=ple=ply=fill,full [L]	830	2365	1598	-ary=表示……的,人
67	regiment		reg=reig=to rule [L]	1131	2062	1597	
68	judgement		jud=to judge [L]	2421	724	1573	
69	temperament		temper=moderate,to stretch [L]	542	2504	1523	
70	fragment		fract=frag=fra=fring=to break [L]	937	2100	1519	
71	monumental		mon-=min-=to warn,advise,remind [L]	364	2633	1499	-al=表示……的,状况,人
72	sentimental		sent=sens=to feel [L]	485	2343	1414	-al=表示……的,状况,人

续表

序号	单词	前缀及语源	词根及语源	BNC 频率	COCA 频率	频率均值	多后缀构词中的其他后缀
73	compliment	com-=together [L]	plet=pli=plen=ple=ply=fill,full [L]	476	2317	1397	
74	advertisement	ad-=to [L]	vert=vers=to turn [L]	1052	1670	1361	-ise=表示实行,受……支配
75	*sediment		sess=sid=sed=to sit [L]	580	1885	1233	
76	reinforcement	re-=again,against,back;in-=in* [L][L]	fort=forc=to strengthen [L]	351	2092	1222	
77	fulfillment			19	2360	1190	
78	displacement	dis-=dif-=di-= apart,away,not,undo,lack of [L]	place=to place [F]	393	1960	1177	
79	*assortment	as-=ad-=to [L]	sort=sors=kind,a going out [L]	261	2050	1156	
80	announcement	an-=ad-=to [L]	nounc=nunci=to say,report [L]	2291		1146	
81	*predicament	pre-=before,beforehand,in front [L]	dict=dic=to say,to proclaim,to allot [L]	369	1686	1028	

16 * -ed=有……的 [OE],[能产性等级：5]

序号	单词	前缀及语源	词根及语源	BNC 频率	COCA 频率	频率均值	多后缀构词中的其他后缀
1	used		us=ut=to use [L]	65244	264195	164720	

续表

序号	单词	前缀及语源	词根及语源	BNC频率	COCA频率	频率均值	多后缀构词中的其他后缀
2	involved	in-=into [L]	volv=volu=to roll,to turn [L]	19479	75574	47527	
3	learned			5200	62565	33883	
4	married			9695	51122	30409	
5	limited		lim=limit=boundary,threshold [L]	10197	44764	27481	
6	noted		not=to mark,observe,know [L]	6008	35497	20753	
7	finished		fin=end,limit [L]	8204	30787	19496	-ish=表示有……特征的,特征的,使……
8	worried			4320	28931	16626	
9	experienced	ex-=out [L]	per=pir=par=to try out,to risk [L]	5439	23793	14616	-ence=性质,情况,状态
10	committed	com-=together [L]	mit=miss=mis=mess=to send [L]	5163	22036	13600	
11	tired			3821	21323	12572	
12	advanced	ad-=from [L]	vance=vant=before [L]	4846	18880	11863	
13	marked		mark=marc=sign,mark [OF]	5538	16770	11154	
14	fixed		fix=fasten	6242	14266	10254	
15	informed	in-=into [L]	form=to form [L]	3745	15335	9540	

续表

序号	单词	前缀及语源	词根及语源	BNC频率	COCA频率	频率均值	多后缀构词中的其他后缀
16	engaged	en-=em-=in,on,cause to be,make,not,intensive [F]	gage=pledge [OF]	2842	15609	9226	
17	complicated	com-=together [L]	ply=plic=pli=plex=ple=plo=to fold [L]	2969	15006	8988	-ate=表示有……性质的,人,使之成……
18	pleased		plac=pleas=plais=to please, to soothe,peace [L]	4836	11811	8324	
19	excited	ex-=out [L]	cit=to call,to arouse [L]	1787	13678	7733	-ate=表示有……性质的,人,使之成……
20	sophisticated		soph=wise,wisdom [GK]	2411	11050	6731	
21	gifted			487	12417	6452	
22	unexpected	un-=not,lack of,reverse of; ex-=out* [E][L]	spect=spec=spic=spi=spy=to look,to see [L]	1995	10718	6357	
23	repeatedly	re-=again,against,back [L]	pet=peat=pit=to seek,to rush,to strive [L]	1237	10459	5848	-ly=表示……地,像……的
24	sacred		sect=sacr=sanct=sacer=saint=holy [L]	1245	10078	5662	
25	accomplished	ac-=ad-=to;com-=together* [L][L]	plet=pli=plen=ple=ply=fill,full [L]	922	9769	5346	-ish=表示有……特征的,使……特征的

续表

序号	单词	前缀及语源	词根及语源	BNC频率	COCA频率	频率均值	多后缀构词中的其他后缀
26	frightened			2514	7951	5233	-en=表示使成为……,人
27	distinguished	dis-=dif-=di-=apart,away,not,undo,lack of [L]	stinct=sting=stig=sti=to prick,to bind [L]	2452	6933	4693	-ish=表示有……特征的,使……
28	celebrated		celebr=honor [L]	1674	7256	4465	-ate=表示有性质的人,使之成……
29	unprecedented	un-=not,lack of,reverse of;pre-=before,beforehand,in front* [E][L]	ced=cess=ceed=ceas=go,let go [L]	864	7680	4272	-ent=表示具有……性质的,人
30	classified			1228	7079	4154	-fy=表示使,产生
31	depressed	de-=down,from,away,off [L]	press=to press [L]	1570	6709	4140	
32	talented			826	7421	4124	
33	unemployed	un-=not,lack of,reverse of;en-=em-=in,on,cause to be,make,not,intensive* [E][F]	ply=plic=pli=plex=ple=plo=to fold [L]	2730	4734	3732	
34	allegedly	al-=ad-=to [L]	lect=leg=lig=leag=to gather;to choose,to send;to read,law [L]	1006	6434	3720	-ly=表示……地,像……的

续表

序号	单词	前缀及语源	词根及语源	BNC频率	COCA频率	频率均值	多后缀构词中的其他后缀
35	*resigned	re-=again,against,back [L]	sign=to mark,to sign [L]	2001	5406	3704	
36	bored			1466	5467	3467	
37	beloved	be-=by,completely,to make [OE]	love=affection [E]	745	6099	3422	
38	dated		dot=don=dow=dos=dat=dit=to give [L]	1605	5106	3356	
39	hurried			1182	5006	3094	
40	damned		damn=demn=dam=curse,harm [L]	889	4745	2817	
41	ashamed	a-=to [OE]		1016	4504	2760	
42	unlimited	un-=not,lack of,reverse of [E]	lim=limit=boundary,threshold [L]	693	3858	2276	
43	refined	re-=again,against,back [L]	fin=end,limit [L]	763	3628	2196	
44	*wicked			1021	3158	2090	
45	*strained		strain=strict=string=stress=strang=to tie,to draw tight [L]	731	3410	2071	
46	doomed		doom=judgement [L]	598	3387	1993	
47	destined	de-=thoroughly,completely [L]	sist=st=stat=stit=stant=stin=to stand [L]	765	3067	1916	
48	renowned	re-=again,against,back [L]	nomin=nomen=to name [L]	659	2996	1828	
49	deceased	de-=down,from,away,off [L]	ced=cess=ceed=ceas=go,let go [L]	774	2680	1727	

续表

序号	单词	前缀及语源	词根及语源	BNC频率	COCA频率	频率均值	多后缀构词中的其他后缀
50	cultivated		cult=col=neck,to till,to inhabit,glue [L]	620	2642	1631	-ate=表示有……性质的,人,使之成……
51	ragged			564	2637	1601	
52	detached	de-=down,from,away,off [L]	tach=tack=fasten together [L]	971	2198	1585	
53	*crooked		croch=crook=crotch=crutch=croach=hook,to bend [L]	323	2476	1400	
54	famed		fa=fam=fat=fess=to say [L]	267	2530	1399	
55	decidedly	de-=down,from,away,off [L]	cis=cid=cas=chis=to cut [L]	416	2373	1395	-ly=表示……地,像……的
56	disadvantaged	dis-=dif-=di-=apart,away,not,undo,lack of;ad-=from* [L][L]	vance=vant=before [L]	555	2225	1390	-age=表示状态,情况,身份,场所等
57	admittedly	ad-=to [L]	mit=miss=mis=mess=to send [L]	696	2061	1379	-ly=表示……地,像……的
58	*preoccupied	pre-=before,beforehand,in front;ob-=oc-=of-=op-=os-=o-=to,against,over,intensive,in front of * [L][L]	cept=cap=capt=ceiv=ceit=cip=cup=to take,to seize,head [L]	598	2148	1373	

续表

序号	单词	前缀及语源	词根及语源	BNC频率	COCA频率	频率均值	多后缀构词中的其他后缀
59	cursed		curs=cur=cour=cours=coars=cor=to run [L]	393	2291	1342	
60	insured	in-=to [L]	sur=certain [L]	759	1889	1324	
61	masked			443	2116	1280	
62	*jagged			278	2253	1266	
63	*disposed	dis-=dif=di-=apart,away,not,undo,lack of [L]	pos=post=pon=pound=to put,place [L]	738	1613	1176	
64	outdated			245	2030	1138	
65	inexperienced	in-=not;ex-=out* [L][L]	per=pir=par=to try out,to risk [L]	487	1637	1062	-ence=性质,情况,状态

17 -ant= 表示……的，人，[L]，[能产性等级：5]

序号	单词	前缀及语源	词根及语源	BNC频率	COCA频率	频率均值	多后缀构词中的其他后缀
1	important	in-=im-=into [L]	port=to carry [L]	38450	187332	112891	
2	significant		sign=to mark,to sign;fect=fact=fict=fair=fic=fit=feit=fac=fec=feas=feat=to make,to do,to like* [L][L]	11914	68095	40005	
3	restaurant	re-=again,against,back [L]	stor=to set up [L]	3315	28601	15958	

续表

序号	单词	前缀及语源	词根及语源	BNC频率	COCA频率	频率均值	多后缀构词中的其他后缀
4	relevant	re-=again,against,back [L]	lev=liev=raise,lift,light,smooth [L]	7840	14432	11136	
5	distant	dis-=dif-=di-=apart,away,not,undo,lack of [L]	sist=st=stat=stit=stant=stin=to stand [L]	2752	14026	8389	
6	pregnant	pre-=before,beforehand,in front [L]	gen=gn=gener=birth,race,produce [L]	2089	14038	8064	
7	brilliant		briller=to glitter [F]	3332	11038	7185	
8	dominant		domin=to rule [L]	2983	11182	7083	
9	consultant	con-=com-=together [L]	sult=sul=sel=to call together,take advice [L]	1604	11169	6387	
10	pleasant		plac=pleas=plais=to please,to soothe,peace [L]	2542	8583	5563	
11	immigrant	in-=im-=into,in [L]	migr=to move [L]	347	9902	5125	
12	lieutenant		lieu=place;tain=ten=tin=to hold* [OF] [L]	923	9110	5017	
13	elegant	e-=ex-=out [L]	lect=leg=lig=leag=to gather,to choose,to send,to read,law [L]	1706	8028	4867	
14	reluctant	re-=again,against,back [L]	luct=to struggle [L]	1931	7713	4822	
15	infant	in-=not [L]	fa=fam=fat=fess=to say [L]	1663	7965	4814	
16	defendant	de-=down,from,away,off [L]	fend=fens=to strike [L]	3282	6090	4686	

续表

序号	单词	前缀及语源	词根及语源	BNC频率	COCA频率	频率均值	多后缀构词中的其他后缀
17	participant		part=to divide,a part;a part;cept=cap=c apt=ceiv=ceit=cip= cup=to take,to seize,head* [L][L]	557	7914	4236	
18	protestant	pro-=forward,before,in favor of,in place of [L]	test=to bear witness [L]	1382	4813	3098	
19	irrelevant	in-=ir-=not;re- =again,against,back* [L][L]	lev=liev=raise,lift,light,smooth [L]	1326	4781	3054	
20	merchant		merc=trade,reward [L]	1786	3994	2890	
21	servant		serv=to serve,to keep [L]	1674	3638	2656	
22	unpleasant	un-=not,lack of,reverse of [E]	plac=pleas=plais=to please,to soothe,peace [L]	1235	3910	2573	
23	vacant		vac=vas=empty,desolate [L]	785	3961	2373	
24	tenant		tain=ten=tin=to hold [L]	2546	2136	2341	
25	*infantry	in-=not [L]	fa=fam=fat=fess=to say [L]	552	4075	2314	-ry=表示行为,性质,地点
26	abundant	ab-=away,from,to [L]	und=wave [L]	595	3897	2246	
27	assistant	as-=ad-=to [L]	sist=st=stat=stit=stant=stin=to stand [L]	637	3790	2214	
28	attendant	at-=ad-=to [L]	tend=tent=tens=to stretch [L]	637	3790	2214	

续表

序号	单词	前缀及语源	词根及语源	BNC频率	COCA频率	频率均值	多后缀构词中的其他后缀
29	militant		milit=to fight [L]	618	3736	2177	
30	resistant	re-=again,against,back [L]	sist=st=stat=stit=stant=stin=to stand [L]	682	3449	2066	
31	ignorant	in-=i-=not [L]	gnor=gnos=gn=to know [L]	719	3124	1922	
32	accountant	ac-=ad-=to [L]	count=to count,to reckon [L]	922	2376	1649	
33	arrogant	ar-=ad-=to [L]	rog=to ask [L]	614	2612	1613	
34	migrant		migr=to move [L]	271	2793	1532	
35	*covenant	co-=com-=together [L]	vent=ven=to come [L]	963	2051	1507	
36	fragrant		fragr=smell strongly,emit a sweet odor [L]	271	2548	1410	
37	insignificant	in-=not [L]	sign=to mark,to sign;fect=fact=fict=fair=fic=fit=feit=fac=fec=feas=feat=to make,to do,to like* [L][L]	530	2235	1383	
38	applicant	ap-=ad-=to [L]	ply=plic=pli=plex=plo=to fold [L]	1227	1424	1326	
39	*rampant		ramp=rude,to climb,mount [F]	246	2104	1175	
40	tolerant		toler=to endure,to support [L]	388	1961	1175	
41	*redundant	re-=again,against,back [L]	und=wave [L]	1190	1039	1115	
42	*variant		var=change [L]	502	1621	1062	
43	triumphant			491	1616	1054	

续表

序号	单词	前缀及语源	词根及语源	BNC频率	COCA频率	频率均值	多后缀构词中的其他后缀
44	defiant	de-=down,from,away,off [L]	fid=feder=fi=fy=feal=to trust [L]	329	1758	1044	
45	*radiant		rad=ray [L]	230	1789	1010	
46	*poignant		punct=pung=punc=pounc=poign=pon=point=to prick [L]	265	1746	1006	

18 -ist= 表示人 [OF], [能产性等级：4]

序号	单词	前缀及语源	词根及语源	BNC频率	COCA频率	频率均值	多后缀构词中的其他后缀
1	artist		art=arthr=art,skill, joint [L]	3921	32556	18239	
2	statistics		sist=st=stat=stit= stant=stin=to stand [L]	3162	14367	8765	-ics=表示……学，……术
3	communist	com-=together [L]	mun=public,share,service,duty,function [L]	4033	12218	8126	
4	terrorist		terr=to frighten,earth [L]	778	14511	7645	-or=-ator=-itor=表示人,器物,状态,性质
5	specialist		spect=spec=spic= spi= spy=to look,to see [L]	4119	8608	6364	-ial=表示具有……的
6	scientist		sci=to know [L]	2002	10390	6196	-ent=表示……性质的人
7	artistic		art=arthr=art,skill, joint [L]	1526	10406	5966	-ic=表示……的
8	journalist		journ=day [L]	1353	10053	5703	-al=表示……的,状况,人

续表

序号	单词	前缀及语源	词根及语源	BNC频率	COCA频率	频率均值	多后缀构词中的其他后缀
9	statistical		sist=st=stat=stit= stant=stin=to stand [L]	2080	8155	5118	-ical=表示……的
10	realistic		re=matter,thing [L]	1830	7633	4732	-ic=表示……的
11	optimistic		optim=best [L]	1204	8167	4686	
12	feminist		femin=women,female [L]	1703	7494	4599	
13	biologist		bio=bi=b=life;log=logue=speech,a subject of study* [GK][GK]	3053	6106	4580	
14	tourist		tour=turn [L]	1958	6666	4312	-al=表示……的,状况,人
15	socialist		soci=join [L]	3214	4899	4057	-ry=表示行为,性质,地点
16	chemistry		chem=the art of transmuting metals [GK]	2007	5917	3962	
17	psychologist		psych=soul,mind;log= logue=speech, a subject of study* [GK][GK]	512	7056	3784	
18	linguistic		lingu=language,tongue [L]	2458	4706	3582	-ic=表示……的
19	economist		eco=ecu=oce=house [L]	690	6461	3576	-nom=-nomy= the law or science of
20	activist		act=ag=ig=to do,to drive [L]	322	6399	3361	-ive=-ative=-itive= 表示有……性质的,人或物
21	columnist			157	6454	3306	

续表

序号	单词	前缀及语源	词根及语源	BNC频率	COCA频率	频率均值	多后缀构词中的其他后缀
22	therapist			therap=cure [L]	666	5403	3035	
23	capitalist			cept=cap=capt=ceiv= ceit=cip=cup= to take,to seize,head [L]	2195	3452	2824	-al=表示……的,状况,人
24	novelist			nov=new [L]	631	3433	2032	-el=表示物,人,地点
25	dentist			dent=tooth [L]	545	2768	1657	
26	Marxist				1225	1969	1597	
27	Buddhist				275	2518	1397	
28	physicist			physi=nature [GK]	260	2387	1324	-ic=表示……的
29	strategist			strat=army,spread;act=ag=ig=to do, to drive* [L][L]	51	2536	1294	
30	pianist				324	2140	1232	
31	protagonist	proto-=first,primary [GK]		agon=contest,struggle [L]	133	2222	1178	
32	*logistics			log=logue=speech,a subject of study [GK]	199	2093	1146	-ics=表示……学,……术
33	pessimistic			pessim=worst [L]	374	1686	1030	-ic=表示……的

19 -ure=-ature=-iture=-ture= 表示动作，过程，结果 [OF]，[能产性等级：4]

序号	单词	前缀及语源	词根及语源	BNC频率	COCA频率	频率均值	多后缀构词中的其他后缀
1	figure			fict=fig=disguise,deceive,form [L]	17036	82054	49545	

续表

序号	单词	前缀及语源	词根及语源	BNC频率	COCA频率	频率均值	多后缀构词中的其他后缀
2	nature		nat=nasc=naiss=naiv=to be born [L]	17676	73757	45717	
3	natural		nat=nasc=naiss=naiv=to be born [L]	13910	72451	43181	-al=表示……的,状况,人
4	culture		cult=col=neck,to till,to inhabit,glue [L]	8413	62449	35431	
5	picture		pict=pig=to paint [L]	10474	51897	31186	
6	pressure		press=to press [L]	11658	50195	30927	
7	cultural		cult=col=neck,to till,to inhabit,glue [L]	6369	50778	28574	-al=表示……的,状况,人
8	structure		struct=stru=to build [L]	13508	34810	24159	
9	measure		meas=mens=to measure [L]	6350	40841	23596	
10	literature		liter=letter [L]	5088	35503	20296	
11	failure			7569	27230	17400	
12	pleasure		plac=pleas=plais=to please, to soothe,peace [L]	4969	19169	12069	
13	feature		fect=fact=fict=fic=fair=fic=fit=feit=fac= / fec=feas=feat=to make,to do,to like [L]	6143	17686	11915	
14	mixture			3172	19834	11503	

续表

序号	单词	前缀及语源	词根及语源	BNC 频率	COCA 频率	频率均值	多后缀构词中的其他后缀
15	temperature		temper=moderate,to stretch [L]	4309	18591	11450	
16	procedure	pro-=forward,before,in favor of,in place of [L]	ced=cess=ceed=ceas=go,let go [L]	5722	15952	10837	
17	exposure	ex-=out [L]	pos=post=pon=pound=to put,place [L]	2274	17676	9975	
18	agricultural		agr=field;cult=col=neck,to till, to inhabit,glue* [L][L]	3971	11838	7905	-al=表示……的,状况,人
19	agriculture		agr=field;cult=col=neck,to till, to inhabit,glue* [L][L]	3767	11759	7763	
20	venture		vent=ven=to come [L]	2331	10595	6463	
21	capture		cept=cap=capt=ceiv=ceit=cip=cup=to take,to seize,head [L]	1337	11167	6252	
22	*infrastructure	infra-=below [L]	struct=stru=to build [L]	978	11421	6200	
23	architecture		arch=arc=first,old,chief,ruler,bow; tect=builder* [GK][GK]	2777	9376	6077	
24	structural		struct=stru=to build [L]	2690	9022	5856	-al=表示……的,状况,人
25	legislature		lect=leg=leag=to gather,to choose, to send,to read,law;lat=to carry,to bear* [L][L]	776	9995	5386	-is=性质,情况

续表

序号	单词	前缀及语源	词根及语源	BNC频率	COCA频率	频率均值	多后缀构词中的其他后缀
26	gesture		gest=ger=gist=carry,bear [L]	1887	8878	5383	
27	creature		creat=to make [L]	1781	8512	5147	
28	adventure	ad-=to [L]	vent=ven=to come [L]	1458	8723	5091	
29	mature		mat=ripe [L]	1855	8080	4968	
30	measurement		meas=mens=to measure [L]	1666	8108	4887	-ment=表示行为或结果
31	departure	de-=down,from,away,off [L]	part=to divide,a party,a part [L]	2229	6963	4596	
32	lecture		lect=leg=lig=leag=to gather,to choose, to send,to read,law [L]	1840	7111	4476	
33	sculpture		sculp=scalp=to carve [L]	1314	6641	3978	
34	signature		sign=to mark,to sign [L]	1039	6847	3943	
35	expenditure	ex-=out [L]	pend=pens=pond=penc=to hang, to weigh,to pay,to consider [L]	5408	1787	3598	
36	torture		tort=tor=to twist [L]	830	6285	3558	
37	leisure		lic=light=lec=let=to allure,to permit [L]	2812	4283	3548	
38	moisture			692	5934	3313	
39	texture		text=to weave [L]	925	5485	3205	

续表

序号	单词	前缀及语源	词根及语源	BNC频率	COCA频率	频率均值	多后缀构词中的其他后缀
40	treasure		thet=thes=thec=them=to place,to put [GK]	940	5459	3200	
41	*tenure		tain=ten=tin=to hold [L]	645	5708	3177	
42	closure		clud=clus=clos=claus=to shut [L]	1894	3776	2835	
43	disclosure	dis-=dif-=di-=apart,away,not,undo,lack of [L]	clud=clus=clos=claus=to shut [L]	1008	4658	2833	
44	miniature		min=men=small,project,hang [L]	855	4773	2814	
45	manufacture		manu=man=hand;fect=fact=fict=fair=fic=fit=feit=fac=fec=feas=feat=to make,to do,to like* [L][L]	1667	3372	2520	
46	*posture		pos=post=pon=pound=to put,place [L]	524	4319	2422	
47	premature	pre-=before,beforehand,in front	mat=ripe [L]	787	3136	1962	
48	*scripture		scrib=script=to write [L]	388	2794	1591	
49	*fracture		fract=frag=fra=fring=to break [L]	397	2706	1552	
50	pasture		past=dough,to feed [OF]	600	2420	1510	

续表

序号	单词	前缀及语源	词根及语源	BNC频率	COCA频率	频率均值	多后缀构词中的其他后缀
51	*procedural	pro-=forward,before,in favor of,in place of [L]	ced=cess=ceed=ceas=go,let go [L]	714	2271	1493	-al=表示……的,状况,人
52	*manure		manu=man=hand [L]	294	2439	1367	
53	supernatural	super-=supr-=sur-=sopr-=sov-=over,above,beyond [L]	nat=nasc=naiss=naiv=to be born [L]	340	2356	1348	-al=表示……的,状况,人
54	nurture			164	2317	1241	
55	lecturer		lect=leg=lig=leag=to gather,to choose,to send,to read,law [L]	955	1499	1227	-er=表示人或物

20　-ize= 表示实行，受……支配 [F]，[能产性等级：4]

序号	单词	前缀及语源	词根及语源	BNC频率	COCA频率	频率均值	多后缀构词中的其他后缀
1	organization		organ=organ,instrument,tool [GK]	6141	51932	29037	-ion=-tion=; -ition=-ation=表示动作或状态,物
2	realize		re=matter,thing [L]	2123	29488	15806	-al=表示……的,状况,人
3	recognize	re-=again,against,back; co-=com-=together* [L][L]	gnor=gnos=gn=n=to know [L]	2048	25027	13538	

续表

序号	单词	前缀及语源	词根及语源	BNC频率	COCA频率	频率均值	多后缀构词中的其他后缀
4	civilization		civ=citizen [L]	707	7787	4247	-ion=-tion=-ition=-ation=表示动作或状态;物
5	organize		organ=organ,instrument,tool [GK]	807	7292	4050	
6	emphasize	en-=em-=in,on,cause to be,make,not,intensive [F]	phras=pha=phe=phu=to say,to speak [GK]	650	7198	3924	
7	apologize	apo-=away [GK]	log=logue=speech,a subject of study [GK]	282	4741	2512	
8	realization		re=matter,thing [L]	546	4321	2434	-ion=-tion=-ition=-ation=表示动作或状态;物
9	criticize		cris=crit=judge,discern [L]	300	3440	1870	-ic=表示……的
10	fertilizer		fer=to carry,to bear [L]	181	2756	1469	-er=表示人或物
11	modernization		mod=fit,manner,kind,measure,change [L]	282	2585	1434	-ion=-tion=-ition=-ation=表示动作或状态;物
12	utilize		us=ut=to use [L]	122	2698	1410	

续表

序号	单词	前缀及语源	词根及语源	BNC频率	COCA频率	频率均值	多后缀构词中的其他后缀
13	recognizable	re-=again,against,back; co-=com-=together* [L][L]	gnor=gnos=gn=n=to know [L]	263	2316	1290	-able=-ible=able to be
14	stabilize		sist=st=stat=stit=stant=stin=to stand [L]	134	2343	1239	-able=-ible=able to be
15	generalization		gen=gn=gener=birth,race,produce [L]	269	1783	1026	-ion=-tion; -ition=-ation=表示动作或状态 表示
16	mobilize		mob=mov=mot=to move [L]	144	1868	1006	-ile=表示可……的,易……的

21　-ary= 表示……的，人 [L]，[能产性等级：4]

序号	单词	前缀及语源	词根及语源	BNC频率	COCA频率	频率均值	多后缀构词中的其他后缀
1	military		milit=to fight [L]	119704	10924	65314	
2	necessary		necess=unavoidable,indispensable [L]	17713	52166	34940	
3	secretary	se-=sed-=away,apart,aside [L]	cern=cret=creet=cre=to observe, to separate [L]	15045	41946	28496	
4	primary		prim=prem=prim=pri=first [L]	9293	37343	23318	

续表

序号	单词	前缀及语源	词根及语源	BNC频率	COCA频率	频率均值	多后缀构词中的其他后缀
5	January		jian=door [L]	9867	35791	22829	
6	library		libr=book [L]	8023	35077	21550	
7	necessarily		necess=unavoidable,indispensable [L]	5567	23937	14752	-ly=表示……地,像……的
8	contemporary	con-=com-=together [L]	tempor=time,season,age [L]	4453	22139	13296	
9	ordinary		ord=ordin=ordain=to order [L]	6733	18383	12558	
10	literary		liter=letter [L]	3289	15797	9543	
11	secondary			4762	13021	8892	
12	elementary			699	15987	8343	
13	temporary		tempor=time,season,age [L]	3740	10834	7287	
14	salary		sal=sail=sault=sil=sul=to leap,salt,salt,health [L]	1935	10172	6054	
15	anniversary		ann=en=year;vert=vers=to turn* [L][L]	1995	9823	5909	
16	summary		summ=highest,total,sum [L]	2798	8979	5889	
17	voluntary		vol=volunt=will,fly [L]	3849	6596	5223	

续表

序号	单词	前缀及语源	词根及语源	BNC频率	COCA频率	频率均值	多后缀构词中的其他后缀
18	revolutionary	re-=again,against,back [L]	volv=volu=to roll,to turn [L]	2338	7877	5108	-ion-=-tion=-ition=-ation=表示动作或状态,物
19	vocabulary		voc=vok=vow=vouc=voic=call [L]	1208	8920	5064	
20	monetary			2683	6445	4564	
21	preliminary	pre-=before,beforehand,in front [L]	limin=threshold [L]	1733	6577	4155	
22	documentary		doc=doct=teach [L]	848	6610	3729	-ment=表示行为或结果
23	unnecessary	un-=not,lack of,reverse of [E]	necess=unavoidable,indispensable [L]	1800	5547	3674	
24	*legendary		lect=leg=lig=leag=to gather,to choose,to send,to read,law [L]	645	6469	3557	-end=enda(-a复数)=表示受到某种对待的人或物
25	parliamentary		parler=to speak [F]	4114	2886	3500	-ment=表示行为或结果
26	diary		di=day [L]	1919	5041	3480	
27	*evolutionary	e-=ex-=out [L]	volv=volu=to roll,to turn [L]	1071	5278	3175	-ion-=-tion=-ition=-ation=表示动作或状态,物
28	boundary			2010	4051	3031	

续表

序号	单词	前缀及语源	词根及语源	BNC频率	COCA频率	频率均值	多后缀构词中的其他后缀
29	commentary	com-=together [L]	ment=mens=think,mind [L]	846	4762	2804	
30	dictionary		dict=dic=to say,to proclaim,to allot [L]	1815	2998	2407	-ion-=tion= -ition-=ation=表示动作或状态,物
31	dietary			708	3859	2284	
32	*sanctuary		secr=sacr=sanct=sacer=saint=holy [L]	714	3638	2176	
33	missionary		mit=miss=mis=mess=to send [L]	576	3709	2143	-ion-=tion= -ition-=ation=表示动作或状态,物
34	subsidiary	sub-=suf-=sug-=sum-=sup-=sur-=sus-=su-=under, incompletely,further [L]	sess=sid=sed=to sit [L]	1743	2413	2078	
35	solitary		sol=comfort,sun,alone,entire [L]	819	3216	2018	-it=……人,名词后缀
36	arbitrary		arbitr=arbit=to judge [L]	1064	2895	1980	
37	disciplinary		doc=doct=teach [L]	1064	2599	1832	-ine=具有……性质的
38	*planetary		plan=to wander [GK]	267	3183	1725	-et=-ette=表示小,表示……的人

续表

序号	单词	前缀及语源	词根及语源	BNC频率	COCA频率	频率均值	多后缀构词中的其他后缀
39	*complementary	com-=together [L]	plet=pli=plen=ple=ply=fill,full [L]	830	2365	1598	-ment=表示行为或结果
40	customary			791	2231	1511	
41	binary		bin=twofold [L]	803	2013	1408	
42	visionary		vis=vid=vic=view=voy=vey=vei=vy=vi=ud=to look,to see [L]	287	2257	1272	-ion=-tion= -ition=-ation=表示动作或状态,物
43	honorary		honor=esteem [L]	755	1784	1270	
44	veterinary		veter=old [L]	791	1469	1130	
45	stationary		sist=st=stat=stit=stant=stin=to stand [L]	401	1633	1017	-ion=-tion= -ition=-ation=表示动作或状态,物
46	involuntary	in-=not [L]	vol=volunt=will,fly [L]	359	1650	1005	

22 -ical= 表示……的 [GK],[能产性等级：4]

序号	单词	前缀及语源	词根及语源	BNC频率	COCA频率	频率均值	多后缀构词中的其他后缀
1	political		polit=polic=polis=city,state [GK]	29541	162247	95894	
2	medical		med=to heal,to attend to [L]	9153	78895	44024	
3	physical		physi=nature [GK]	9399	60300	34850	

续表

序号	单词	前缀及语源	词根及语源	BNC 频率	COCA 频率	频率均值	多后缀构词词中的其他后缀
4	critical		cris=crit=judge,discern, [L]	5577	41291	23434	
5	historical		histor=wise man,judge [GK]	5458	34525	19992	
6	basically		bas=base,bottom,to lower [L]	3017	27060	15039	-ly=表示……地,像……的
7	musical		mus=muscle,muse [L]	2934	24838	13886	
8	typical			4745	22182	13464	
9	technical		techn=art,skill [L]	6641	20181	13411	
10	practical		pract=prag=to do,business [GK]	7581	17602	12592	
11	chemical		chem=the art of transmuting metals [GK]	4393	18244	11319	
12	psychological		psych=soul,mind;log=logue=speech, a subject of study* [GK][GK]	2736	17656	10196	
13	clinical		clin=cli=to bend [L]	2983	16881	9932	
14	biological		bio=bi=b=life;log=logue=speech, a subject of study* [GK][GK]	1957	14942	8450	
15	classical			3165	9390	6278	
16	theoretical		the=contemplation,viewing [GK]	2954	9394	6174	-ory=表示属于……的,场所,物

续表

序号	单词	前缀及语源	词根及语源	BNC频率	COCA频率	频率均值	多后缀构词中的其他后缀
17	mechanical		mechan=machine or instrument [GK]	1944	9937	5941	
18	*ethical		eth=character,custom [GK]	1121	10208	5665	
19	identical		ident=same [L]	2130	9136	5633	
20	*electrical		electr=electric [L]	2248	8335	5292	
21	statistical		sist=st=stat=stit=stant=stin=to stand [L]	2080	8155	5118	-ist=表示人
22	ideological		ide=idea,thought;log=logue=speech, a subject of study* [GK][GK]	1630	8379	5005	
23	vertical		vert=vers=to turn [L]	1796	7839	4818	
24	logical		log=logue=speech,a subject of study [GK]	2250	7119	4685	
25	tropical		trop=to turn [GK]	1771	7575	4673	
26	ecological		eco=ecu=oce=house;log=logue=speech, a subject of study* [L][GK]	7712	719	4216	
27	philosophical		phil=love;soph=wise,wisdom* [GK]	1275	6270	3773	
28	empirical	en-=em-=in,on,cause to be,make,not,intensive [F]	per=pir=par=to try out,to risk [L]	1490	5962	3726	

续表

序号	单词	前缀及语源	词根及语源	BNC频率	COCA频率	频率均值	多后缀构词中的其他后缀
29	theological		the=contemplation,viewing;log=logue=speech,a subject of study* [GK][GK]	733	6638	3686	
30	optical		op=opt=opsis=ophthalm=sight,appearance [GK]	914	5400	3157	
31	mathematical		mathemat=to learn [GK]	1232	5053	3143	
32	surgical			782	5176	2979	
33	*evangelical		eu=well;angel=messenger* [GK][GK]	399	4021	2210	
34	*pharmaceutical		pharmac=drug,medicine [GK]	489	3809	2149	
35	tactical		tact=tang=ting=tig=tag=to touch [L]	646	2991	1819	
36	theatrical			596	2847	1722	
37	rhetorical		rhetor=speaker,orator [GK]	371	3019	1695	
38	*hierarchical		hier=holy;arch=arc=first,old,chief,ruler,bow* [GK][GK]	641	2723	1682	
39	physiological		physi=nature;log=logue=speech,a subject of study* [GK][GK]	619	2701	1660	

续表

序号	单词	前缀及语源	词根及语源	BNC频率	COCA频率	频率均值	多后缀构词中的其他后缀
40	astronomical		aster=astr=star [GK]	253	3030	1642	-nom=-nomy= the law or science of
41	numerical		numer=number,to count [L]	702	2115	1409	
42	hysterical		hyster=womb [GK]	399	2212	1306	
43	sociological		soci=join;log=logue=speech,a subject of study* [L][GK]	790	1499	1145	
44	*neurological		neur=nerve;log=logue=speech,a subject of study* [GK][GK]	183	2008	1096	
45	botanical		botany=plant [GK]	311	1837	1074	
46	*metaphysical	meta-=above,among,beyond [GK]	phys=nature [GK]	364	1684	1024	

23　-age= 表示状态，情况，身份，场所等 [L]，[能产性等级：4]

序号	单词	前缀及语源	词根及语源	BNC频率	COCA频率	频率均值	多后缀构词中的其他后缀
1	language		lingu=language,tongue [L]	18515	73357	45936	

续表

序号	单词	前缀及语源	词根及语源	BNC频率	COCA频率	频率均值	多后缀构词词中的其他后缀
2	management		manu=man=hand [L]	21584	58430	40007	-ment=表示行为或结果
3	stage		sist=st=stat=stit=stin=to stand [L]	16083	43326	29705	
4	manager		manu=man=hand [L]	13523	41003	27263	-er=表示人或物
5	message		mit=miss=mis=mess=to send [L]	6557	47596	27077	
6	marriage			7615	45759	26687	
7	village		vill=country,house [L]	10934	34144	22539	
8	damage		damn=demn=dam=curse,harm [L]	8214	27160	17687	
9	advantage	ad-=from [L]	vance=vant=before [L]	7122	26442	16782	
10	package			5587	20213	12900	
11	*coverage			2151	22717	12434	
12	percentage	per-=through,thoroughly,falsely,to destruct [L]	cent=hundred [L]	2754	20685	11720	
13	encourage	en-=em-=in,on,cause to be,make,not,intensive [F]	cord=cour=cor=heart [L]	5027	17136	11082	
14	manage		manu=man=hand [L]	3903	17286	10595	
15	passage		pass=stride,step [L]	3887	14317	9102	
16	heritage		hcr=heredit=heir [L]	1937	12682	7310	
17	courage		cord=cour=cor=heart [L]	2001	10460	6231	

续表

序号	单词	前缀及语源	词根及语源	BNC频率	COCA频率	频率均值	多后缀构词中的其他后缀
18	passenger		pass=stride,step [L]	1908	8490	5199	-er=表示人或物
19	cottage			2990	4959	3975	
20	vintage		vin=wine [L]	697	5928	3313	
21	shortage			1452	5049	3251	
22	usage		us=ut=to use [L]	1147	4795	2971	
23	hostage		host=enemy [L]	449	5190	2820	
24	encouragement	en-=em-=in,on,cause to be,make,not,intensive [F]	cord=cour=cor=heart [L]	1450	3775	2613	-ment=表示行为或结果
25	carriage		car=car,run,load [F]	1888	3207	2548	
26	*leverage		lev=liev=raise,lift,light,smooth [L]	230	4277	2254	-er=表示人或物
27	foliage		foli=leaf [L]	706	3650	2178	
28	voyage		vey=voy=via=vi=to carry,way [L]	693	3330	2012	
29	luggage		lug=drag [L]	619	3363	1991	
30	sewage			764	3178	1971	
31	messenger		mit=miss=mis=mess=to send [L]	493	3153	1823	-er=表示人或物
32	disadvantage	dis-=dif-=di-=apart,away,not,undo, lack of;ad-=from* [L][L]	vance=vant=before [L]	1118	2488	1803	
33	drainage			960	2606	1783	

续表

序号	单词	前缀及语源	词根及语源	BNC频率	COCA频率	频率均值	多后级构词中的其他后缀
34	discourage	dis-=dif-=di-=apart,away,not,undo,lack of [L]	cord=cour=cor=heart [L]	473	2929	1701	
35	*managerial		manu=man=hand [L]	1329	2000	1665	-ial=表示具有……的
36	wreckage			361	2463	1412	
37	disadvantaged	dis-=dif-=di-=apart,away,not,undo,lack of;ad-=from* [L][L]	vance=vant=before [L]	555	2225	1390	-ed=有……的
38	voltage			909	1838	1374	
39	courageous		cord=cour=cor=heart [L]	358	2350	1354	-ous=-ious=表示具有……性质的,充满……的
40	*patronage		patr=pater=father,country [L]	865	1700	1283	-on=表示人,物,……孩子
41	*vantage		vance=vant=before [L]	235	2222	1229	
42	*lineage		lin=lign=line [L]	328	2084	1206	
43	*brokerage			93	2317	1205	
44	mileage		mill=thousand [L]	325	2053	1189	
45	*salvage		salv=sav=safe [L]	314	1923	1119	
46	*manageable		manu=man=hand [L]	377	1809	1093	-able=-ible=able to be

续表

序号	单词	前缀及语源	词根及语源	BNC频率	COCA频率	频率均值	多后缀构词中的其他后缀
47	beverage		bib=bever=to drink [L]	96	1943	1020	

24　–ance= 表示状态,性质 [L], [能产性等级：4]

序号	单词	前缀及语源	词根及语源	BNC频率	COCA频率	频率均值	多后缀构词中的其他后缀
1	financial		fin=end,limit [L]	16234	58179	37207	-ial=表示具有……的
2	performance	per-=through,thoroughly,falsely,to destruct [L]	form=to form [L]	12731	60957	36844	
3	insurance	in-=to [L]	sur=certain [L]	6924	44919	25922	
4	instance	in-=on [L]	sist=st=stat=stit=stant=stin=to stand [L]	8930	36985	22958	
5	importance	in-=im-=into [L]	port=to carry [L]	9532	32531	21032	
6	distance	dis-=dif-=di-=apart,away,not,undo,lack of [L]	sist=st=stat=stit=stant=stin=to stand [L]	6515	32245	19380	
7	balance		bol=bal=bl=ball,dance,throw [GK]	8668	29733	19201	
8	assistance	as-=ad-=to [L]	sist=st=stat=stit=stant=stin=to stand [L]	4232	19615	11924	
9	appearance	ap-=ad-=to [L]	par=pear=pair=peer=per=pir=arrange,appear,produce,equal [L]	5235	18479	11857	
10	finance		fin=end,limit [L]	7200	16162	11681	

续表

序号	单词	前缀及语源	词根及语源	BNC频率	COCA频率	频率均值	多后缀构词中的其他后缀
11	resistance	re-=again,against,back [L]	sist=st=stat=stit=stant=stin=to stand [L]	3588	17849	10719	
12	significance		sign=to mark,to sign;fect=fact=fict=fair=fic=fit=feit=fac=fec=feas=feat=to make, to do,to like* [L][L]	4585	12837	8711	
13	maintenance		manu=man=hand;tain=ten=tin=to hold* [L][L]	3923	13056	8490	
14	substance	sub-=suf-=sug-=sum-=sup-=sur-=sus=su-=under, incompletely,further [L]	sist=st=stat=stit=stant=stin=to stand [L]	2139	14006	8073	
15	alliance	al-=ad-=to [L]	lig=li=ly=to bind,to tie [L]	3004	12917	7961	
16	guidance			3172	10817	6995	
17	acceptance	ac-=ad-=to [L]	cept=cap=capt=ceiv=ceit=cip=cup=to take,to seize,head [L]	2605	9262	5934	
18	attendance	at-=ad-=to [L]	tend=tent=tens=to stretch [L]	1778	6826	4302	
19	*stance		sist=st=stat=stit=stant=stin=to stand [L]	1676	6167	3922	
20	compliance	com-=together [L]	ply=plic=pli=plex=ple=plo=to fold [L]	1279	6560	3920	
21	surveillance	super-=supr-=sur-=sopr-=sov-=over,above,beyond [L]	vis=vid=vic=view=voy=vey=vi=ud=to look,to see [L]	756	6431	3594	

续表

序号	单词	前缀及语源	词根及语源	BNC频率	COCA频率	频率均值	多后缀构词中的其他后缀
22	tolerance		toler=to endure,to support [L]	710	5809	3260	
23	renaissance	re-=again,against,back [L]	nat=nasc=naiss=naiv=to be born [L]	1119	5292	3206	
24	ignorance	in-=i-=not [L]	gnor=gnos=gn=to know [L]	1112	4677	2895	
25	ambulance		ambul=ambl=to walk [L]	1618	4067	2843	
26	relevance	re-=again,against,back [L]	lev=liev=raise,lift,light,smooth [L]	1663	3911	2787	
27	abundance	ab-=away,from,to [L]	und=wave [L]	619	4812	2716	
28	accordance	ac-=ad-=to [L]	cord=cour=cor=heart [L]	2034	2766	2400	
29	assurance	as-=ad-=to [L]	sur=certain [L]	1797	2956	2377	
30	inheritance	in-=in [L]	her=heredit=heir [L]	1230	2980	2105	-it=……人,名词后缀
31	reliance	re-=again,against,back [L]	lig=li=ly=to bind,to tie [L]	855	3313	2084	
32	reluctance	re-=again,against,back [L]	luct=to struggle [L]	1003	2981	1992	
33	allowance	al-=ad-=to [L]	low=to praise [E]	2124	1825	1975	
34	disturbance	dis-=dif-=di-=apart,away,not,undo,lack of [L]	turb=to agitate [L]	839	2528	1684	
35	nuisance			952	2332	1642	
36	circumstance	circum-=round [L]	sist=st=stat=stit=stant=stin=to stand [L]	596	2606	1601	
37	resemblance	re-=again,against,back [L]	sembl=together,same [L]	663	2523	1593	

续表

序号	单词	前缀及语源	词根及语源	BNC频率	COCA频率	频率均值	多后缀构词中的其他后缀
38	*allegiance	al-=ad-=to [L]	lect=leg=lig=leag=to gather,to choose, to send,to read,law [L]	650	2463	1557	
39	endurance	en-=em-=in,on,cause to be,make,not,intensive [F]	dur=to last [L]	292	2750	1521	
40	acquaintance	ac-=ad-=to [L]	quaint=come to know [L]	582	2156	1369	
41	arrogance	ar-=ad-=to [L]	rog=to ask [L]	478	2249	1364	
42	fragrance		fragr=smell strongly,emit a sweet odor [L]	324	2342	1333	
43	defiance	de-=down,from,away,off [L]	fid=feder=fi=fy=feal=to trust [L]	505	2125	1315	
44	clearance			866	1754	1310	
45	resonance	re-=again,against,back [L]	son=sound [L]	345	2272	1309	
46	*ordinance		ord=ordin=ordain=to order	128	2403	1266	
47	elegance	e-=ex-=out [L]	lect=leg=lig=leag=to gather,to choose, to send,to read,law [L]	484	1937	1211	
48	imbalance	in-=im-=not [L]	bol=bal=bl=ball,dance,throw [L]	425	1985	1205	

25 -ful=表示有……性质的 [OE], 【能产性等级:4】

序号	单词	前缀及语源	词根及语源	BNC频率	COCA频率	频率均值	多后缀构词中的其他后缀
1	beautiful		beauty=beaute=beautiful,fine [OF]	8307	46571	27439	

续表

序号	单词	前缀及语源	词根及语源	BNC频率	COCA频率	频率均值	多后缀构词中的其他后缀
2	successful	sub-=suf-=sug-=sum-=sup-=sur-=sus-=su-=under, incompletely,further [L]	ced=cess=ceed=ceas=go,let go [L]	10564	40400	25482	
3	powerful		pot=poss=pow=powerful,capable of [L]	6962	37719	22341	-er=表示人或物
4	wonderful			4626	33652	19139	
5	useful		us=ut=to use [L]	9832	24145	16989	-ly=表示……地，像……的
6	carefully		care=care,dear [E]	6752	25705	16229	
7	careful		care=care,dear [E]	5013	20531	12772	
8	helpful			3078	13908	8493	
9	handful			1334	12573	6954	
10	painful			1849	11238	6544	
11	grateful		grat=grac=thankful,pleasing [L]	2600	10486	6543	
12	peaceful		pac=peas=peace [L]	1565	8817	5191	
13	hopeful			695	6274	3485	
14	faithful			972	5451	3212	
15	harmful			805	4988	2897	
16	thoughtful			597	4444	2521	
17	fearful			691	3658	2175	
18	graceful		grat=grac=thankful,pleasing [L]	426	3249	1838	

续表

序号	单词	前缀及语源	词根及语源	BNC频率	COCA频率	COCA频率均值	多后缀构词中的其他后缀
19	*stressful		strain=strict=string=stress=strang=to tie,to draw tight [L]	333	3179	1756	
20	dreadful			1353	1912	1633	
21	doubtful		dub=doub=uncertain [L]	1202	1960	1581	
22	delightful	de-=down,from,away,off [L]	lic=light=lec=let=to allure,to permit [L]	1054	2105	1580	
23	thankful			354	2420	1387	
24	respectful	re-=again,against,back [L]	spect=spec=spic=spi=spy=to look,to see [L]	212	2371	1292	
25	forceful		fort=forc=to strengthen [L]	363	1865	1114	
26	plentiful		ple=pli=plen=plet=ply=fill,full [L]	409	1795	1102	

26 -ence= 性质，情况，状态 [L]，[能产性等级：4]

序号	单词	前缀及语源	词根及语源	BNC频率	COCA频率	COCA频率均值	多后缀构词中的其他后缀
1	experience	ex-=out [L]	per=pir=par=to try out,to risk [L]	20924	99978	60451	
2	evidence	e-=ex-=out [L]	vis=vid=vic=view=voy=vey=vei=vi=ud=to look,to see [L]	20995	75240	48118	
3	science		sci=to know [L]	10421	68417	39419	

续表

序号	单词	前缀及语源	词根及语源	BNC频率	COCA频率	频率均值	多后缀构词中的其他后缀
4	difference	dis-=dif-=di-=apart,away,not,undo,lack of [L]	fer-=to carry,to bear [L]	11081	52593	31837	
5	violence		viol=to treat with violence, outrage,dishonor [L]	5357	50465	27911	
6	influence	in-=into,in,on [L]	flu=fluv=flux=to flow [L]	10249	44080	27165	
7	conference	con-=com-=together [L]	fer-=to carry,to bear [L]	9630	41332	25481	
8	presence	pre-=before,beforehand,in front [L]	s=esse=to be [L]	7771	34502	21137	
9	audience		aud=audit=ed=eis=to hear [L]	5248	34395	19822	
10	intelligence	inter-=between [L]	lect=leg=lig=leag=to gather,to choose, to send,to read,law [L]	3344	35916	19630	
11	silence		sil=quiet,still [L]	5348	24564	14956	
12	experienced	ex-=out [L]	per-=pii=par=to try out,to risk [L]	5439	23793	14616	-ed=有……的
13	confidence	con-=com-=completely [L]	fid=feder=fi=fy=feal=to trust [L]	6766	22135	14451	
14	reference	re-=again,against,back [L]	fer-=to carry,to bear [L]	8067	16718	12393	
15	existence	ex-=out [L]	sist=st=stat=stit=stant=stin=to stand [L]	17779	6420	12100	
16	independence	in-=not;de-=down,from,away,off* [L][L]	pend=pens=pond=penc=to hang,to weigh,to pay,to consider [L]	4262	19039	11651	

续表

序号	单词	前缀及语源	词根及语源	BNC频率	COCA频率	频率均值	多后缀构词中的其他后缀
17	absence	ab-=away,from,to [L]	s=esse=to be [L]	5659	14802	10231	
18	sentence		sent=sens=to feel [L]	5573	13989	9781	
19	sequence		sequ=secut=su=to follow [L]	4174	9104	6639	
20	license		lic=light=lec=let=to allure,to permit [L]	330	12813	6572	
21	essence		est=ess=ent=to be [L]	1783	9188	5486	
22	consequence	con-=com-=together [L]	sequ=secut=su=to follow [L]	3377	7070	5224	
23	residence	re-=again,against,back [L]	sess=sid=sed=to sit [L]	1678	7852	4765	
24	preference	pre-=before,beforehand,in front [L]	for=to carry,to bear [L]	2143	6444	4294	
25	patience		path=pat=pass=to feel,to suffer [GK]	1144	7429	4287	
26	competence	com-=together [L]	pet=peat=pit=to seek,to rush,to strive [L]	1482	5988	3735	
27	incidence	in-=into [L]	cas=cid=cad=to fall [L]	1715	5638	3677	
28	conscience	con-=com-=together [L]	sci=to know [L]	1302	5602	3452	
29	innocence	in-=not [L]	noc=nox=nic=nec=to harm [L]	904	5397	3151	
30	convenience	con-=com-=together [L]	vent=ven=to come [L]	903	5228	3066	
31	emergence	e-=ex-=out [L]	mers=merg=to dip,to plunge [L]	1227	4674	2951	

续表

序号	单词	前缀及语源	词根及语源	BNC频率	COCA频率	频率均值	多后缀构词中的其他后缀
32	dependence	de-=down,from,away,off [L]	pend=pens=pond=penc=to hang, to weigh,to pay,to consider [L]	1257	4634	2946	
33	correspondence	cor-=com-=together;re-=again,against,back* [L][L]	spond=spons=spous=to promise,to answer [L]	1496	4316	2906	
34	excellence	ex-=out [L]	celer=cel=swift,to raise [L]	813	4759	2786	
35	interference	inter-=between [L]	fer=to carry,to bear [L]	1393	3977	2685	
36	occurrence	ob-=oc-=of-=op-=os-=o-= to,against,over,intensive,in front of [L]	curs=cur=cour=cours=coars=cor=to run [L]	1056	3635	2346	
37	coincidence	co-=com-=together;in-=upon* [L]	cas=cid=cad=to fall [L]	847	3745	2296	
38	persistence	per-=through,thoroughly,falsely,to destruction [L]	sist=st=stat=stit=stant=stin=to stand [L]	460	3187	1824	
39	indifference	in-=not;dis-=dif-=di-=apart,away,not,undo,lack of* [L]	fer=to carry,to bear [L]	586	2766	1676	
40	*prominence	pro-=forward,before,in favor of, in place of [L]	min=men=small,project,hang [L]	586	2151	1369	
41	obedience	ob-=oc-=of-=op-=os-=o-= to,against,over,intensive, in front of [L]	aud=audit=ed=eis=to hear [L]	635	1855	1245	

续表

序号	单词	前缀及语源	词根及语源	BNC频率	COCA频率	频率均值	多后缀构词中的其他后缀
42	adherence	ad-=to [L]	hes-=her-=to stick [L]	375	2025	1200	
43	*resilience	re-=again,against,back [L]	sal-=sail-=sault-=sil-=to leap,salt,health [L]	222	2133	1178	
44	inexperienced	in-=not;ex-=out* [L][L]	per-=pir-=par-=to try out,to risk [L]	487	1637	1062	-ed=有……的

27 -ar=-ular=-icular=表示……的，物，人 [L],[能产性等级：4]

序号	单词	前缀及语源	词根及语源	BNC频率	COCA频率	频率均值	多后缀构词中的其他后缀
1	particular		part-=to divide,a party,a part [L]	28592	62761	45677	
2	similar		simil-=simul-=same,equal [L]	18076	61773	39925	
3	particularly		part-=to divide,a party,a part [L]	21509	57021	39265	-ly=表示……地，像……的
4	popular		popul-=publ-=people [L]	10178	48113	29146	
5	nuclear		nucle-=nut,kernel [L]	7948	46288	27118	
6	regular		reg-=reig-=to rule [L]	7392	31135	19264	
7	familiar		famili-=a close attendant [L]	5510	27955	16733	
8	solar		sol-=comfort,sun,alone,entire [L]	1300	15016	8158	

续表

序号	单词	前缀及语源	词根及语源	BNC频率	COCA频率	频率均值	多后缀构词中的其他后缀
9	scholarship		schol=leisure,employed in learning [L]	900	9038	4969	-ship=表示关系,状态,性质;某种技能,职位,资格
10	spectacular		spect=spec=spic=spi=spy=to look,to see [L]	1908	7140	4524	-cle=-cul=small
11	popularity		popul=publ=people [L]	1303	7668	4486	-ity=-ty=表示特性,状态
12	*linear		lin=lign=line [L]	1324	6283	3804	
13	collar		cult=col=neck,to till,to inhabit,glue [L]	1343	5685	3514	
14	scholar		schol=leisure,employed in learning [L]	677	6224	3451	
15	radar		rad=ray [L]	658	5745	3202	
16	peculiar		pecu=property [L]	1378	4528	2953	
17	unfamiliar	un-=not,lack of,reverse of [E]	famili=a close attendant [L]	787	4915	2851	
18	circular		circ=cyc=cycl=round [L]	1829	3815	2822	
19	grammar		graph=gram=writing [GK]	2402	2955	2679	
20	solidarity		solid=sold=firm,whole [F]	1026	3957	2492	-ity=-ty=表示特性,状态
21	cellular		cel=ceal=cul=to hide, small room [L]	721	4166	2444	
22	altar		alt=haut=high [L]	844	4020	2432	
23	muscular		mus=muscle,muse [L]	602	3835	2219	-cle=-cul=small

续表

序号	单词	前缀及语源	词根及语源	BNC频率	COCA频率	频率均值	多后缀构词中的其他后缀
24	*scholarly		schol=leisure,employed in learning [L]	463	3898	2181	-ly=表示……地,像……的
25	seminar		semin=semen=seed [L]	1148	3037	2093	
26	lunar		lumin=lun=to light,moon [L]	251	3883	2067	
27	polar		pol=pole [GK]	656	3410	2033	
28	irregular	in-=ir-=not [L]	reg=reig=to rule [L]	717	2659	1688	
29	unpopular	un-=not,lack of,reverse of [E]	popul=publ=people [L]	623	2739	1681	
30	similarity		simil=simul=same,equal [L]	796	2499	1648	-ity=-ty=表示特性,状态
31	singular		singul=one each [L]	464	2495	1480	
32	cellar		cel=ceal=cul=to hide, small room [L]	631	2296	1464	
33	rectangular		rect=reg=rig=to set right,rectify; angl=angul=angle* [L][L]	560	1838	1199	
34	pillar		pil=hair,pillar,ball [L]	452	1706	1079	
35	angular		angl=angul=angle [L]	436	1651	1044	

28 -en= 表示(使成为……, 人 [OE], [能产性等级: 4]

序号	单词	前缀及语源	词根及语源	BNC频率	COCA频率	频率均值	多后缀构词中的其他后缀
1	happen		hap=chance,good luck [OE]	8406	72801	40604	

续表

序号	单词	前缀及语源	词根及语源	BNC频率	COCA频率	频率均值	多后缀构词中的其他后缀
2	happening		hap=chance,good luck [OE]	4310	31605	17958	-ing=行为,状态,情况
3	golden			3698	26179	14939	
4	wooden			3365	17776	10571	
5	frozen			1878	16003	8941	
6	frightened			2514	7951	5233	-ed=有……的
7	alien		ali=another,otherwise [L]	1200	8805	5003	
8	citizenship			863	6373	3618	-ship=表示关系,状态,性质;某种技能,职位,资格
9	strengthen			1169	5531	3350	
10	frightening			993	5371	3182	-ing=行为,状态,情况
11	threaten			872	5436	3154	
12	mistaken	mis-=bad,wrong [OF]		1090	4236	2663	
13	rotten			762	2333	1548	
14	drunken			585	2489	1537	
15	tighten			422	2388	1405	
16	weaken			391	2317	1354	
17	soften			337	2239	1288	
18	loosen			233	2295	1264	
19	maiden			562	1899	1231	

续表

序号	单词	前缀及语源	词根及语源	BNC频率	COCA频率	频率均值	多后缀构词中的其他后缀
20	raven		rap=rav=rep=to take,to snatch [L]	191	2177	1184	
21	straighten			223	2020	1122	
22	widen			388	1759	1074	

29 -ial= 表示具有……的 [L],【能产性等级：4】

序号	单词	前缀及语源	词根及语源	BNC频率	COCA频率	频率均值	多后缀构词中的其他后缀
1	special		spect=spec=spic=spi=spy=to look,to see [L]	21534	86329	53932	
2	especially	e-=ex=out [L]	spect=spec=spic=spi=spy=to look,to see [L]	17149	87676	52413	-ly=表示……地,像……的
3	financial		fin=end,limit [L]	16234	58179	37207	-ance=表示状态,性质
4	potential		pot=poss=pow=powerful,capable of [L]	11023	55945	33484	-ent=表示具有……性质的,有……性质的人
5	commercial	com-=together [L]	merc=trade,reward [L]	7881	48502	28192	
6	official	ob-=oc-=of=op-=os-=o-=to,against,over,intensive,in front of [L]	fect=fact=fict=fair=fic=fit=feit=fac=fec=feas=feat=to make,to do,to like [L]	9335	43327	26331	

续表

序号	单词	前缀及语源	词根及语源	BNC频率	COCA频率	频率均值	多后缀构词中的其他后缀
7	essential		est=ess=ent=to be [L]	8580	21823	15202	-ent=表示具有…性质的，人
8	presidential	pre-=before,beforehand,in front [L]	sess=sid=sed=to sit [L]	1911	27837	14874	-ent=表示具有…性质的，人
9	substantial	sub-=suf-=sug-=sum-=sup-=sur-=sus-=su-=under,incompletely,further [L]	sist=st=stat=stit=stant=stin=to stand [L]	6136	14914	10525	
10	crucial		cruc=cruis=crus=crux=cross [L]	4365	16131	10248	
11	racial			1410	17576	9493	
12	memorial		memor=mnes=mne=to remember [L][GK]	1495	14693	8094	
13	controversial	contra-=contro-=counter-=against [L]	vert=vers=to turn [L]	2071	11404	6738	
14	specialist		spect=spec=spic=spi=spy=to look,to see [L]	4119	8608	6364	-ist=表示人
15	colonial		cult=col=neck,to till,to inhabit,glue [L]	1470	10589	6030	-on=表示人，物，……核子
16	residential	re-=again,against,back [L]	sess=sid=sed=to sit [L]	2893	8593	5743	-ent=表示具有…性质的，人
17	judicial		jud=to judge [L]	2406	8609	5508	-ic=表示……的

续表

序号	单词	前缀及语源	词根及语源	BNC频率	COCA频率	频率均值	多后缀构词中的其他后缀
18	editorial	e-=ex-=out [L]	dot=dom=dow=dos=dat=dit=to give [L]	1081	9456	5269	-or=-ator=-itor=表示人,器物,状态,性质
19	influential	in-=into,in,on [L]	flu=fluv=flux=to flow [L]	1786	8033	4910	-ent=表示具有……性质的,人
20	artificial		art=arthr=art,skill,joint;fect=fact=fict= fair=fic=fit=feit=fac=fec=feas=feat= to make,to do,to like* [L][L]	1965	7596	4781	
21	imperial	in-=im-=intensive [L]	par=pear=pair=peer=per=pir=arrange, appear,produce,equal [L]	2362	6237	4300	
22	partial		part=to divide,a party,a part [L]	1732	6488	4110	
23	beneficial	bene-=beni-=well [L]	fect=fact=fict=fair=fic=fit=feit=fac=fec= feas=feat=to make,to do,to like [L]	1379	5846	3613	
24	facial		fac=face [L]	540	4739	2640	
25	provincial	pro-=forward,before,in favor of, in place of [L]	vict=vinc=to conquer,to show [L]	1585	3582	2584	
26	serial		sert=to put,join,serve [L]	1073	3862	2468	
27	differential	dis-=dif-=di-= apart,away,not,undo,lack of [L]	fer=to carry,to bear [L]	878	3286	2082	-ent=表示具有……性质的,人

续表

序号	单词	前缀及语源	词根及语源	BNC频率	COCA频率	频率均值	多后缀构词中的其他后缀
28	confidential	con-=com-=completely	fid=feder=fi=fy=feal=to trust	1089	3068	2079	-ent=表示具有……性质的,人
29	aerial		aer=air [GK]	672	2979	1826	
30	*credential		cred=cre=creed=to believe,to trust [L]	357	3285	1821	-ent=表示具有……性质的,人
31	*martial		mar=war,sea [L]	470	2926	1698	-age=表示状态,情况,身份,场所等
32	*managerial		manu=man=hand [L]	1329	2000	1665	
33	superficial	super-=supr-=sur-=sopr-=sov-=over,above,beyond [L]	fect=fact=fict=fair=fic=fit=feit=fac=fec=feas=feat=to make,to do,to like [L]	753	2341	1547	
34	unofficial	un-=not,lack of,reverse of;ob-=oc-=of-=op-=os-=o-=to,against,over,intensive,in front of * [E][L]	fect=fact=fict=fair=fic=fit=feit=fac=fec=feas=feat=to make,to do,to like [L]	588	2228	1408	
35	*terrestrial		terr=to frighten,earth [L]	307	2004	1156	
36	remedial	re-=again,against,back [L]	med=to heal,to attend to [L]	326	1855	1091	
37	pictorial		pict=pig=to paint [L]	353	1733	1043	-or=-ator=-itor=表示人,器物,状态,性质

续表

序号	单词	前缀及语源	词根及语源	BNC频率	COCA频率	频率均值	多后缀构词中的其他后缀
38	imperialism	in-=im-=intensive [L]	par=pear=pair=peer=per=pir= arrange,appear,produce,equal [L]	414	1596	1005	-ism=表示主义，宗教，学术，制度，特征

30 –ism=表示主义，宗教，学术，制度，特征 [GK]，[能产性等级：4]

序号	单词	前缀及语源	词根及语源	BNC频率	COCA频率	频率均值	多后缀构词中的其他后缀
1	criticism		cris=crit=judge,discern [L]	4573	16848	10711	-ic=表示……的
2	mechanism		mechan=machine or instrument [GK]	2881	9057	5969	
3	racism			1061	7857	4459	
4	tourism		tour=turn [L]	1410	6315	3863	
5	capitalism		cept=cap=capt=ceiv=ceit= cip=cup= to take, to seize,head [L]	1863	5712	3788	-al=表示……的，状况，人
6	optimism		optim=best [L]	830	5508	3169	
7	communism	com-=together [L]	mun=public,share,service,duty,function [L]	920	4617	2769	-al=表示……的，状况，人
8	socialism		soci=join [L]	1612	3220	2416	-al=表示……的，状况，人
9	realism		re=matter,thing [L]	875	3084	1980	-al=表示……的，状况，人

续表

序号	单词	前缀及语源	词根及语源	BNC频率	COCA频率	频率均值	多后缀构词中的其他后缀
10	feminism		femin=women,female [L]	690	2746	1718	-al=表示……的,状况,人
11	liberalism		liber=libr=to weigh,to balance,free [L]	493	2858	1676	
12	organism		organ=organ,instrument,tool [GK]	767	2510	1639	
13	*metabolism	meta-=above,among,beyond [GK]	bol=bal=bl=ball,dance, throw [GK]	487	2406	1447	
14	*Catholicism	cata-=down,completely [GK]	hol=whole [GK]	321	2188	1255	-ic=表示……的
15	conservatism	con-=com-=together [L]	serv=to serve,to keep [L]	473	1960	1217	-ive=-ative=-itive=表示有……性质有……性质的,人或物
16	symbolism	syn-=sym-=sy-=syl-=together,with [GK]	bol=bal=bl=ball,dance, throw [GK]	377	1980	1179	
17	modernism		mod=fit,manner,kind, measure,change [L]	371	1916	1144	-em=……方向,……性质的,……场所,地点
18	*alcoholism		al=the,all,to nourish;cohol=a distilled or rectified spirit* [L][L]	244	1947	1096	
19	individualism	in-=not;dis-=dif-=di-=apart,away,not,undo,lack of* [L]	vis=vid=vic=view=voy=vei=vy=vi=ud=to look,to see [L]	373	1700	1037	-al=表示……的,状况,人
20	imperialism	in-=im-=intensive [L]	par=pear=pair=peer=per=pir=arrange,appear,produce,equal [L]	414	1596	1005	-ial=表示具有……的

31 –ish= 表示有……特征的，使……[OE]，[能产性等级：4]

序号	单词	前缀及语源	词根及语源	BNC频率	COCA频率	频率均值	多后缀构词的其他后缀
1	finished		fin=end,limit [L]	8204	30787	19496	-ed=有……的
2	finish		fin=end,limit [L]	4332	22508	13420	
3	Spanish			3431	19063	11247	
4	establish	e-=ex-=out [L]	sist=st=stat=stit=stant=stin=to stand [L]	5149	16381	10765	-able=-ible= able to be
5	establishment	e-=ex-=out [L]	sist=st=stat=stit=stant=stin=to stand [L]	3854	11492	7673	-ment=表示行为或结果
6	punishment		pen=pun=poen=punish [L]	2191	10150	6171	-ment=表示行为或结果
7	accomplished	ac-=ad-=to;com-=together* [L] [L]	plet=pli=plen=ple=ply=fill,full [L]	922	9769	5346	-ed=有……的
8	distinguished	dis-=dif-=di-=apart,away,not,undo,lack of [L]	stinct=sting=stig=sti=to prick,to bind [L]	2452	6933	4693	-ed=有……的
9	publisher		popul=publ=people [L]	1408	7484	4446	-er=表示人或物
10	distinguish	dis-=dif-=di-=apart,away,not,undo,lack of [L]	stinct=sting=stig=sti=to prick,to bind [L]	1960	5747	3854	
11	accomplish	ac-=ad-=to;com-=together* [L] [L]	plet=pli=plen=ple=ply=fill,full [L]	255	7041	3648	
12	foolish			1088	4975	3032	
13	publish		popul=publ=people [L]	1294	4367	2831	

续表

序号	单词	前缀及语源	词根及语源	BNC频率	COCA频率	频率均值	多后缀构词中的其他后缀
14	punish		pen=pun=poen=punish [L]	461	3277	1869	
15	flourish		flor=flower [L]	661	2999	1830	
16	selfish			648	2784	1716	
17	accomplishment	ac-=ad-=to;com-=together* [L]	plet=pli=plen=ple=ply=fill,full [L]	126	3259	1693	-ment=表示行为或结果
18	diminish	di-=two,twice,completely [GK]	min=men=small,project,hang [L]	455	2700	1578	
19	*anguish		ang=angr=vexation,distress [L]	517	2438	1478	
20	*lavish		lu=lav=lau=wash [L]	452	2413	1433	
21	stylish			481	2356	1419	
22	vanish		van=vain=empty [L]	308	1921	1115	

32　-fy=表示使……，产生 [L],[能产性等级：4]

序号	单词	前缀及语源	词根及语源	BNC频率	COCA频率	频率均值	多后缀构词中的其他后缀
1	identify		ident=same [L]	4923	29811	17367	
2	satisfied		sat=satis=satur=enough,full [L]	3420	10162	6791	
3	justify		just=right,exact [L]	2007	7488	4748	
4	classified			1228	7079	4154	-ed=有……的
5	satisfy		sat=satis=satur=set=enough,full [L]	1918	5245	3582	

续表

序号	单词	前缀及语源	词根及语源	BNC频率	COCA频率	频率均值	多后缀构词中的其他后缀
6	testify		test=to bear witness [L]	277	5153	2715	
7	clarify		clar=clair=clear [L]	905	3452	2179	
8	modify		mod=fit,manner,kind,measure,change [L]	725	3136	1931	
9	specify		spect=spec=spic=spi=spy=to look,to see [L]	1219	2336	1778	
10	verify		ver=to feel awe,to fear,true [L]	247	3068	1658	

33 -id= 形容词后缀 [L], [能产性等级：4]

序号	单词	前缀及语源	词根及语源	BNC频率	COCA频率	频率均值	多后缀构词中的其他后缀
1	candidate		cand=cend=white,to shine,be on fire [L]	3760	26899	15330	-ate=表示有……性质的,人,使之成……
2	rapidly		rap=rav=rep=to take,to snatch [L]	4457	14492	9475	-ly=表示……地,像……的……
3	stupid		stup=strike senseless [L]	3050	14286	8668	
4	liquid		liqu=flow [L]	2432	13804	8118	
5	rapid		rap=rav=rep=to take,to snatch [L]	3517	11917	7717	
6	acid		ac=acr=acu=sour,sharp [L]	4919	8448	6684	

续表

序号	单词	前缀及语源	词根及语源	BNC频率	COCA频率	频率均值	多后缀构词中的其他后缀
7	validity		val=-vail=worth,strong [L]	1342	9683	5513	-ity=-ty=表示特性,状态
8	fluid		flu=-fluv=-flux=to flow [L]	1624	8480	5052	
9	valid		val=-vail=worth,strong [L]	2231	7366	4799	
10	vivid		viv=-vit=to live,life [L]	987	5177	3082	
11	dioxide	di-=two,twice,completely [GK]	oxy=-ox=sharp,acid [GK]	1388	4774	3081	
12	rigid		rect=-reg=-rig=to set right,rectify [L]	1396	4591	2994	
13	splendid		splend=to shine [L]	1638	2598	2118	
14	humidity		hom=-hum=man,earth [GK]	285	2819	1552	-ity=-ty=表示特性,状态
15	*paranoid	para-=-par-=-pa=against, beside,beyond,contrary [GK]	no=mind [GK]	282	2154	1218	
16	*candid		cand=-cend=white,to shine,be on fire [L]	147	1876	1012	

34 -it=……人，名词后缀 [L]，[能产性等级：4]

序号	单词	前缀及语源	词根及语源	BNC频率	COCA频率	频率均值	多后缀构词中的其他后缀
1	visit		vis=-vid=-vic=-view=-voy=-vey=-vei=-vy=-vi=-ud=to look,to see [L]	11966	52941	32454	

续表

序号	单词	前缀及语源	词根及语源	BNC 频率	COCA 频率	频率均值	多后缀词的其他后缀
2	credit		cred=cre=creed=to believe,to trust [L]	7172	38242	22707	
3	unit		un=one [L]	10761	31727	21244	
4	spirit		spir=breathe,coil [L]	6310	29297	17804	
5	suit		sequ=secut=su=to follow [L]	4767	26442	15605	
6	spiritual		spir=breathe,coil [L]	2281	19355	10818	-al=表示……的,状况,人
7	deficit	de-=down,from,away,off [L]	fect=fact=fict=fair=fic=fit=feit=fac=fec=feas=feat=to make,to do,to like [L]	2244	14520	8382	
8	territory		terr=to frighten,earth [L]	2979	13708	8344	-ory=表示属于……的,场所,物
9	summit		summ=highest,total,sum [L]	2351	10874	6613	
10	suitable		sequ=secut=su=to follow [L]	5961	5994	5978	
11	pursuit	pro-=forward,before,in favor of,in place of [L]	sequ=secut=su=to follow [L]	1581	7554	4568	-able=-ible= able to be
12	orbit		orb=circle,track [L]	699	7339	4019	
13	deposit	de-=down,from,away,off [L]	pos=post=pon=pound=to put,place [L]	1961	3809	2885	

续表

序号	单词	前缀及语源	词根及语源	BNC频率	COCA频率	频率均值	多后缀构词中的其他后缀
14	*implicit	in-=im-=in [L]	ply=plic=pli=plex=ple=plo=to fold [L]	1142	3916	2529	
15	recruit	re-=again,against,back [L]	cre=cru=to grow,to increase [L]	938	4067	2503	
16	exploit	ex-=out [L]	ply=plic=pli=plex=ple=plo=to fold [L]	1161	3171	2166	
17	inheritance	in-=in [L]	her=heredit=heir [L]	1230	2980	2105	-ance=表示状态,性质
18	suitcase		sequ=secut=su=to follow [L]	518	3586	2052	
19	solitary		sol=comfort,sun,alone,entire [L]	819	3216	2018	-ary=表示……的,人
20	*trait		tract=tra=treat=to draw [L]	301	3466	1884	
21	deposition	de-=down,from,away,off [L]	pos=post=pon=pound=to put,place [L]	463	2575	1519	-ion=tion= -ition=tion= -ation=表示动作或状态,物
22	*illicit	in-=il-=not [L]	lic=light=lec=let=to allure,to permit [L]	256	2597	1427	
23	*equitable		equ=iqu=equal,same [L]	585	1748	1167	
24	*orbital		orb=circle,track [L]	234	2089	1162	-al=表示……的,状况,人

35 –less= 表示无……的 [OE], [能产性等级：4]

序号	单词	前缀及语源	词根及语源	BNC频率	COCA频率	频率均值	多后缀构词中的其他后缀
1	regardless	re-=again,against,back [L]	gard=look,heed [F]	1519	12753	7136	
2	homeless			1043	12264	6654	
3	endless			1512	8541	5027	
4	useless		us=ut=to use [L]	1244	5157	3201	
5	countless		count=to count,to reckon [L]	612	5448	3030	
6	helpless			786	3879	2333	
7	harmless			630	2978	1804	
8	restless			608	2910	1759	
9	hopeless			700	2776	1738	
10	*relentless	re-=again,against,back [L]	len=soft [L]	357	3104	1731	
11	reckless		reck=to heed [OE]	546	2330	1438	
12	stainless			306	2434	1370	
13	motionless		mob=mov=mot=to move [L]	356	2257	1307	-ion=-tion= -ition=-ation=表示 动作或状态,物
14	needless			540	2039	1290	
15	worthless			339	2221	1280	
16	ruthless			623	1844	1234	
17	careless		care=care,dear [E]	544	1703	1124	

36　–le=repeated action or movement,small thing[OE],【能产性等级：3】

序号	单词	前缀及语源	词根及语源	BNC频率	COCA频率	频率均值	多后缀构词中的其他后缀
1	battle		bat=bet=bit=to go,to beat [GK]	6355	32671	19513	
2	double		duo=dou=du=do=two [L]	7646	26145	16896	
3	circle		circ=cyc=cycl=round [L]	3457	20651	12054	
4	principle		prim=prem=prin=pri=first;cept=cept=cap=capt=ceiv=ceit=cip=cup=to take,to seize,head* [L][L]	8021	15993	12007	
5	settlement		sess=sid=sed=to sit [L]	4476	13600	9038	-ment=表示行为或结果
6	settle		sess=sid=sed=to sit [L]	2455	10871	6663	
7	saddle		sess=sid=sed=to sit [L]	709	4074	2392	
8	candle		cand=cend=white,to shine,be on fire [L]	764	3681	2223	
9	battlefield		bat=bet=bit=to go,to beat [GK]	321	3872	2097	
10	bundle		band=bind [OE]	705	3096	1901	
11	tangle		tact=tang=ting=tig=tag=to touch [L]	315	1757	1036	

37 -ile= 表示可……的，易……的 [L]，【能产性等级：3】

序号	单词	前缀及语源	词根及语源	BNC频率	COCA频率	频率均值	多后缀构词中的其他后缀
1	difficult	dis-=dif-=di-=apart,away,not,undo,lack of [L]	fect=fact=fict=fair=fic=fit=feit=fac=fec=feas=feat=to make,to do,to like [L]	21433	72543	46988	注：-ile=-ult=表示可……的，易……的
2	difficulty	dis-=dif-=di-=apart,away,not,undo,lack of [L]	fect=fact=fict=fair=fic=fit=feit=fac=fec=feas=feat=to make,to do,to like [L]	6185	14436	10311	-y=表示性质,状态,人
3	facility		fect=fact=fict=fair=fic=fit=feit=fac=fec=feas=feat=to make,to do,to like [L]	2147	16309	9228	-ity=-ty=表示特性,状态
4	mobile		mob=mov=mot=to move [L]	1646	11973	6810	
5	missile		mit=miss=mis=mess=to send [L]	855	9857	5356	
6	hostile		host=enemy [L]	1572	7676	4624	
7	fragile		fract=frag=fra=fring=to break [L]	843	6679	3761	-ity=-ty=表示特性,状态
8	mobility		mob=mov=mot=to move [L]	1440	5766	3603	-ate=表示有……性质的,人,使之成……
9	facilitate		fect=fact=fict=fair=fic=fit=feit=fac=fec=feas=feat=to make,to do,to like [L]	1001	5928	3465	
10	*juvenile		juven=young [L]	707	6068	3388	
11	hostility		host=enemy [L]	1311	4119	2715	-ity=-ty=表示特性,状态

续表

序号	单词	前缀及语源	词根及语源	BNC频率	COCA频率	频率均值	多后缀构词中的其他后缀
12	automobile		auto=self;mob=mov=mot=to move* [GK][L]	229	4984	2607	
13	*volatile		vol=volunt=will,fly [L]	506	3767	2137	
14	fertile		fer=to carry,to bear [L]	594	2782	1688	
15	versatile		vert=vers=to turn [L]	516	2717	1617	
16	textile		text=to weave [L]	721	2467	1594	
17	*humility		hom=hum=man,earth [GK]	282	2209	1246	-ity=-ty=表示特性,状态
18	futile		fus=fut=fund=found=pour [L]	344	2055	1200	
19	mobilize		mob=mov=mot=to move [L]	144	1868	1006	-ize=表示实行,受…支配

38　-et=-ette=表示小，表示……的人 [F],[能产性等级：3]

序号	单词	前缀及语源	词根及语源	BNC频率	COCA频率	频率均值	多后缀构词中的其他后缀
1	market		merc=trade,reward [L]	29472	108003	68738	
2	marketing		merc=trade,reward [L]	5145	20316	12731	-ing=行为,状态,情况
3	planet		plan=to wander [GK]	1743	20689	11216	
4	pocket		pock=sack [E]	3261	18620	10941	

续表

序号	单词	前缀及语源	词根及语源	BNC频率	COCA频率	频率均值	多后缀构词中的其他后缀
5	cabinet			6081	10544	8313	
6	cigarette			2040	12162	7101	
7	closet		clud=clus=clos=claus=to shut [L]	209	8750	4480	
8	blanket		blanc=white [F]	1084	7528	4306	
9	ballet		bol=bal=bl=ball,dance,throw [GK]	1237	5294	3266	
10	wallet			547	5042	2795	
11	comet		com=revel,hair,sleep [L]	260	3933	2097	
12	magnet		magn=great [L]	314	3198	1756	
13	prophet	pro-=forward,before,in favor of,in place of [L]	phras=pha=phe=phu=to say;to speak [GK]	432	3049	1741	
14	*planetary		plan=to wander [GK]	267	3183	1725	-ary=表示……的,人
15	packet			2315	1127	1721	
16	palette			293	2915	1604	
17	cassette		case=box [L]	734	1579	1157	
18	puppet		pup=doll [L]	290	1955	1123	
19	trumpet			345	1793	1069	
20	banquet		bank=bench [ME]	345	1779	1062	

39　-ery= 表示场所，行为，状态，性质 [OF]，[能产性等级：3]

序号	单词	前缀及语源	词根及语源	BNC频率	COCA频率	频率均值	多后缀构词中的其他后缀
1	gallery			4216	17378	10797	
2	grocery		gross=groc=large,thick [OE]	186	9111	4649	
3	battery		bat=bet=bit=to go,to beat [GK]	1265	7549	4407	
4	machinery			2392	4607	3500	
5	slavery			460	6463	3462	
6	imagery		image=imagin=copy [L]	617	6011	3314	
7	cemetery		cemet=sleeping place [GK]	718	5593	3156	
8	nursery			1737	4330	3034	
9	lottery		lot=share [L]	353	4115	2234	
10	pottery			893	3187	2040	
11	robbery			753	3275	2014	
12	fishery			182	3486	1834	
13	scenery		scen=to set [L]	744	2435	1590	
14	slippery			444	2682	1563	
15	monastery	mono-=alone [GK]		613	2298	1456	-ast=与……相关的人
16	bakery			276	2571	1424	
17	artery		art=arthr=art,skill,joint [L]	318	2211	1265	

40　-ine=具有……性质的 [L]，[能产性等级：3]

序号	单词	前缀及语源	词根及语源	BNC频率	COCA频率	频率均值	多后缀构词中的其他后缀
1	medicine		med=to heal,to attend to [L]	2725	30648	16687	-ic=表示……的
2	marine		mar=war,sea [L]	2097	17827	9962	
3	discipline		doc=doct=teach [L]	5469	12997	9233	
4	protein	proto-=first,primary [GK]		2840	14079	8460	
5	genuine		gen=gn=gener=birth,race,produce [L]	3221	9278	6250	
6	divine		dei=div=god [L]	1348	8499	4924	
7	doctrine		doc=doct=teach [L]	1689	7693	4691	
8	vaccine		vacc=cow [L]	368	7318	3843	
9	scrutine		scrut=to examine [L]	1190	5627	3409	
10	feminine		femin=women,female [L]	812	4382	2597	
11	urine		ur=water [OF]	790	3605	2198	
12	masculine		mascul=male,man [L]	667	3387	2027	
13	disciplinary		doc=doct=teach [L]	1064	2599	1832	-ary=表示……的,人
14	submarine	sub-=suf-=sug-=sum-=sup-=sur-=sus-=su-=under, incompletely,further [L]	mar=war,sea [L]	499	2183	1341	
15	heroine			353	2274	1314	

续表

序号	单词	前缀及语源	词根及语源	BNC频率	COCA频率	频率均值	多后缀构词中的其他后缀
16	vaccination		vacc=cow [L]	237	2174	1206	-ion=-tion -ition=-ation=表示动作或状态,物
17	*turbine		turb=to agitate [L]	255	2045	1150	
18	masculinity		mascul=male,man [L]	344	1901	1123	-ity=-ty=表示特性,状态
19	*intestinal	int=within [L]	est=ess=ent=to be [L]	841	1271	1056	-al=表示……的,状况,人

41　-ium=-um= 部位，场所，元素 [L]，[能产性等级：3]

序号	单词	前缀及语源	词根及语源	BNC频率	COCA频率	频率均值	多后缀构词中的其他后缀
1	museum		mus=muscle,muse [L]	6707	49039	27873	
2	medium		medi=middle [L]	3392	23851	13622	
3	album		alb=white [L]	1989	14651	8320	
4	stadium		sist=st=stat=stit=stant=stin=to stand [L]	937	13070	7004	
5	*momentum			941	8128	4535	-ment=表示行为或结果
6	*spectrum		spect=spec=spic=spi=spy=to look,to see [L]	1608	7345	4477	
7	vacuum		vac=vas=empty,desolate [L]	919	6573	3746	

续表

序号	单词	前缀及语源	词根及语源	BNC频率	COCA频率	频率均值	多后缀构词中的其他后缀
8	*premium	pre-=before,beforehand,in front [L]	empt=em=m=ansom=to take [L]	1659	5326	3493	
9	calcium		calc=calx=lime [L]	1247	4815	3031	
10	millennium		mill=thousand;ann=en=year* [L][L]	246	5053	2650	
11	*uranium		uran=heaven,sky [GK]	517	3366	1942	
12	*equilibrium		equ=iqu=equal,same;libr=balance* [L][L]	1652	2037	1845	
13	*serum		ser=to run,to flow [L]	1307	2084	1696	
14	*consortium	con-=com=together [L]	sort=sors=kind,a going out [L]	878	2471	1675	
15	*continuum	con-=com=together [L]	tain=ten=tin=to hold [L]	413	2467	1440	
16	symposium	syn-=sym-=sy-=syl-=together,with [GK]	pot=pos=to drink [GK]	2062	257	1160	
17	*optimum		optim=best [L]	599	1564	1082	
18	platinum		platin=silver [L]	305	1812	1059	

42 -ics= 表示…学,…术 [F],18+12=30 【能产性等级：3】

序号	单词	前缀及语源	词根及语源	BNC频率	COCA频率	频率均值	多后缀构词中的其他后缀
1	politics		polit=polic=polis=city,state [GK]	7239	47918	27579	

续表

序号	单词	前缀及语源	词根及语源	BNC频率	COCA频率	频率均值	多后缀构词中的其他后缀
2	statistics		sist=st=stat=stit=stant=stin=to stand [L]	3162	14367	8765	-ist=表示人
3	economics		eco=ecu=oce=house [L]	2829	11255	7042	-nom=-nomy=the law or science of
4	mathematics		mathemat=to learn [GK]	1939	11524	6732	
5	*ethics		eth=character,custom [GK]	840	11238	6039	
6	physics		physi=nature [GK]	1829	9971	5900	
7	graphics		graph=gram=writing [L]	1891	7152	4522	
8	*dynamics		dyn=dynam=power [GK]	602	6992	3797	
9	electronics		electr=electric [L]	1452	5792	3622	-on=表示人,物,……核子
10	mechanics		mechan=machine or instrument [GK]	862	5296	3079	
11	basics		bas=base,bottom,to lower [L]	397	3597	1997	
12	athletics		athl=contest [GK]	528	3329	1929	-ete=表示……的人
13	genetics		gen=gn=gener=birth,race,produce [L]	301	3348	1825	
14	optics		op=opt=opsis=ophthalm=sight,appearance [GK]	130	2224	1177	
15	aesthetics		aesthet=aesthes=feeling [GK]	249	2063	1156	
16	*logistics		log=logue=speech,a subject of study [GK]	199	2093	1146	-ist=表示人

第十章 后缀能产性及其构词使用频率对比表

说明：1. 后缀构词使用频率等级也分为5个等级，使用频率在10万以上的为5级（最常用），1万～9.9999万的为4级（较常用），2000～9999的为3级（常用）；1000～1999的为2级（不常用），1000以下的为1级（罕用）。2. 算式说明，如本表序号1的后缀构词数为228+88=316，第一个数字表示在基础阶段的单词中含有后缀-al的单词有228个，第二个数字表示在高年级阶段单词中含有后缀-al的单词有88个，《词汇表》收录有后缀-al的单词共计316个。

序号	后缀	构词数	后缀构词能产性排序	使用频率最高的后缀构词	BNC频率	COCA频率	频率均值	后缀构词使用频率排序	后缀构词使用频率等级
1	-al=表示……的,状况,人[L],228+88=316	316	3	really	45814	308393	177104	1	5级
2	-ly=表示……地,像……的[ME],133+33=166	166	12	really	45814	308393	177104	2	5级
3	*-ed=有……的[OE],83+42=125	125	16	used	65244	264195	164720	3	5级
4	-ment=表示行为或结果[L],104+23=127	127	15	government	99988	225564	162776	4	5级
5	*-ate=表示有…性质有,人,使之成……[L],167+155=322	322	2	state	37764	284413	161089	5	5级
6	*-ent=表示具有……性质的,人[L],115+65=180	180	9	president	15567	278490	147029	6	5级
7	*-ing=行为,状态,情况[E],139+50=189	189	7	during	42789	217537	130163	7	5级
8	*-ion=-tion=-ition=-ation=表示动作或状态,物[L],426+119=545 -ion=-tion=表示……[L],222+63=285 -ion=-ition=37+12=49 -ion=-ation=表示行为,过程,结果[L],167+44=211	545	1	national	36716	216431	126574	8	5级
9	-ic=表示……的[L],97+64=161	161	13	public	38032	195093	116563	9	5级

续表

序号	后缀	构词数	后缀构词能产性值排序	使用频率最高的后缀构词	BNC频率	COCA频率	频率均值	后缀构词使用频率排序	后缀构词使用频率等级
10	-ant=表示……的,人[L],56+45=101	101	17	important	38450	187332	112891	10	5级
11	-th=第……,行为,……性质或状态[OE],15+2=17	17	55	health	24172	183880	104026	11	5级
12	-ical=表示……的[GK],53+24=77	77	22	political	29541	162247	95894	12	4级
13	-ity=-ty=表示特性,状态,人[L],108+75=183	183	8	university	16204	171449	95827	13	4级
14	-y=表示性质,状态,人[OE],158+72=230	230	5	company	39326	147215	93271	14	4级
15	-er=表示人或物[OE],209+44=253	253	4	power	31136	147236	89186	15	4级
16	-an=表示……地方的人,属于……的[L],20+3=23	23	47	human	19071	140035	79553	16	4级
17	-able=-ible=be able to[L],129+92=221	221	6	probably	26239	113087	69663	17	4级
18	-et=-ette=表示小,表示……的人[F],22+12=34	34	38	market	29472	108003	68738	18	4级
19	-ary=表示……的人,人[L],56+24=80	80	21	military	119704	10924	65314	19	4级
20	-ice=表示性质,行为,情况[OF],12+5=17	17	56	service	29976	97264	63620	20	4级
21	-nom=-nomy=the law or science of[GK],11+1=12	12	68	economic	22683	101657	62170	21	4级
22	-ence=性质,情况,状态[L],57+8=65	65	26	experience	20924	99978	60451	22	4级
23	-a=名词后缀[L],10+4=14	14	61	data	17808	93323	55566	23	4级
24	-ial=表示具有……的[L],46+16=62	62	29	special	21534	86329	53932	24	4级
25	-ure=-ature=-iture=-ture=表示动作,过程,结果[OF],61+27=88	88	19	figure	17036	82054	49545	25	4级
26	-ain=与……相关的人或事物[F],9+5=14	14	62	certain	21589	76583	49086	26	4级
27	-el=表示物,人,地点[E],8+7=15	15	59	model	13070	81789	47430	27	4级
28	-ile=表示可……的,易……的[L],20+18=38	38	37	difficult	21433	72543	46988	28	4级
29	-or=-ator=-itor=表示人,器物,状态,性质[L],115+34=149	149	14	director	11938	81202	46570	29	4级
30	-age=表示状态,情况,身份,场所等[L],49+26=75	75	23	language	18515	73357	45936	30	4级
31	-ar=-ular=-icular=……的,物,人[L],48+16=64	64	27	particular	28592	62761	45677	31	4级
32	-en=表示使成为……,人[OE],51+11=62	62	28	happen	8406	72801	40604	32	4级

续表

序号	后缀	构词数	后缀构词能产性排序	使用频率最高的后缀构词	BNC频率	COCA频率	频率均值	后缀构词使用频率排序	后缀构词使用频率等级
33	-ship=表示关系,状态,性质;某种技能,职位,资格[OF],15+4=19	19	51	relationship	12596	68164	40380	33	4级
34	-ry=表示行为,性质,地点[OF],15+9=24	24	46	century	19396	61212	40304	34	4级
35	-ous=-ious=表示具有……性质的,充满……的[L],85+87=172	172	10	various	15143	59410	37277	35	4级
36	-ance=表示状态,性质[L],54+16=70	70	24	financial	16234	58179	37207	36	4级
37	-ee=指人[L],9+3=12	12	69	committee	18593	53076	35835	37	4级
38	-sis=action,product,result[GK],2+3=5	5	96	analysis	13033	54165	33599	38	4级
39	-it=……人,名词后缀[L],26+17=43	43	34	visit	11966	52941	32454	39	4级
40	-ern=……方向的,……性质的,场所,地点[OE],4+1=5	5	93	western	9586	53747	31667	40	4级
41	-eer=指人[F],5+6=11	11	71	career	7479	52804	30142	41	4级
42	-ster=……人[ME],4+3=7	7	84	minister	22595	36581	29588	42	4级
43	-ize=表示实行,受……支配[F],46+36=82	82	20	organization	6141	51932	29037	43	4级
44	-ium=-um=部位,场所,元素[L],15+17=32	32	41	museum	6707	49039	27873	44	4级
45	-ard=表示过于……人[L],7+3=10	10	73	standard	12481	42942	27712	45	4级
46	-ics=表示……学,……术[F],18+12=30	30	42	politics	7239	47918	27579	46	4级
47	-ful=表示有……性质的[OE],52+18=70	70	25	beautiful	8307	46571	27439	47	4级
48	-cle=-cul=small[L],11+7=18	18	53	article	6501	48162	27332	48	4级
49	-o=普音乐术语及乐器名称,人,物,抽象名词[L],6+2=8	8	80	radio	8454	45830	27142	49	4级
50	-ive=-ative=itive=表示……性质的,人或物[L],119+51=170	170	11	positive	8259	45657	26958	50	4级
51	-ory=表示属于……的,场所,物[OF],17+7=24	24	45	theory	12767	41090	26929	51	4级
52	-ivity=表示性质,状态[L],3+2=5	5	94	activity	11339	41004	26172	52	4级
53	-ior=……的,属于……的,人[L],9+1=10	10	74	senior	8115	44010	26063	53	4级
54	-is=性质,情况[GK],9+3=12	12	66	basis	14230	33956	24093	54	4级
55	-us=表示名词,用于科学学术语[L],11+11=22	22	49	status	9061	38931	23996	55	4级

续表

序号	后缀	构词数	后缀构词能产性排序	使用频率最高的后缀构词	BNC频率	COCA频率	频率均值	后缀构词使用频率排序	后缀构词使用频率等级
56	-dom=abstract suffix of state[OE],4+1=5	5	92	freedom	5832	41352	23592	56	4级
57	-enfancy=性质,情况,状态[L],14+6=20	20	50	agency	5748	41234	23491	57	4级
58	-ian=表示与……有关的人[L],16+2=18	18	54	christian	6683	38197	22440	58	4级
59	-ability--ibility=可……性[L],12+3=15	15	57	responsibility	9023	32604	20814	59	4级
60	-le=repeated action or movement,small thing[OE],22+17=39	39	36	battle	6355	32671	19513	60	4级
61	-ish=表示有…特征的,使……[OE],32+21=53	53	31	finished	8204	30787	19496	61	4级
62	-on=表示人物,……核子[GK],17+9=26	26	43	prison	30936	6006	18471	62	4级
63	-ist=表示人[OF],69+23=92	92	18	artist	3921	32556	18239	63	4级
64	-ite=表示有…性质,人或物[GK],15+7=22	22	48	favorite	18	36337	18178	64	4级
65	-hood=heid=表示状态,性质[OE],10+1=11	11	72	neighborhood	1425	34727	18076	65	4级
66	-fy=表示使……,产生[L],32+15=47	47	32	identify	4923	29811	17367	66	4级
67	-ine=具有……性质的[L],21+11=32	32	40	medicine	2725	30648	16687	67	4级
68	-ada=-ade=名词后缀[F],7+6=13	13	63	decade	3645	29406	16526	68	4级
69	-id=表示有……性质的[L],22+22=44	44	33	candidate	3760	26899	15330	69	4级
70	-tude=表示性质,状态[L],10+3=13	13	65	attitude	5815	20812	13314	70	4级
71	-tic=表示属于……的,有……性质的[GK],8+7=15	15	60	dramatic	3784	18271	11028	71	4级
72	-ery=表示场所,行为,状态,性质[OF],27+7=34	34	39	gallery	4216	17378	10797	72	4级
73	-ism=表示主义,宗教,学术,制度,特征[GK],37+20=57	57	30	criticism	4573	16848	10711	73	4级
74	-ness=表示性质,状态[ME],20+4=24	24	44	illness	3194	16210	9702	74	3级
75	-ise=表示实行,受……支配[F],5+3=8	8	79	advertising	4336	14936	9636	75	3级
76	-end=-enda(-a复数)表示受到某种对待的人或物[L],4+4=8	8	83	agenda	2300	16819	9560	76	3级

续表

序号	后缀	构词数	后缀构词能产性排序	使用频率最高的后缀构词	BNC频率	COCA频率	频率均值	后缀构词使用频率排序	后缀构词使用频率等级
77	-etic=表示属于……的[GK],9+0=9	9	75	genetic	1815	16494	9155	77	3级
78	-atory=有……性质的,属于……的,场所[L],5+4=9	9	78	laboratory	2672	15114	8893	78	3级
79	-less=表示无……的[OE],36+5=41	41	35	regardless	1519	12753	7136	79	3级
80	-acy=状态,性质[L],8+10=18	18	52	literacy	943	12765	6854	80	3级
81	-men=抽象名词的后缀[L],2+2=4	4	100	phenomenon	2154	11220	6687	81	3级
82	-ess=表示人或动物(阴性的)[GK],15+0=15	15	58	actress	1028	10280	5654	82	3级
83	-aneous=有……特征的,属于……的[L],3+2=5	5	91	simultaneous-ly	1715	9064	5390	83	3级
84	-ician=表示人,……(专)家,……员[F],7+2=9	9	76	physician	513	10159	5336	84	3级
85	-ancy=表示状态,性质[L],5+6=11	11	70	pregnancy	1551	9036	5294	85	3级
86	-oma=-omat=名词后缀[GK],4+0=4	4	101	diplomatic	1883	8137	5010	86	3级
87	-cy=表示情况,状态[L],4+2=6	6	88	fancy	2144	7120	4632	87	3级
88	-ast=与……相关的人[GK],5+1=6	6	90	fantastic	1113	6464	3789	88	3级
89	-atic=具有……性质有[L],8+4=12	12	67	systematic	1674	5821	3748	89	3级
90	-ward=表示方向……[OE],6+0=6	6	87	backward	616	6802	3709	90	3级
91	-ier=从事……的人,与……有关的人[F],3+2=5	5	97	frontier	854	6403	3629	91	3级
92	-ot=表示具有……特征的人,小[F],6+2=8	8	81	ballot	955	6111	3533	92	3级
93	-eur=表示人或物[L],2+2=4	4	99	amateur	1550	5460	3505	93	3级
94	-ling=小的(人或动物)[L],3+2=5	5	95	darling	2383	4375	3379	94	3级
95	-arian=……的,……人[L],4+5=9	9	77	humanitarian	460	6106	3283	95	3级

续表

序号	后缀	构词词数	后缀构词能产性排序	使用频率最高的后缀构词	BNC频率	COCA频率	频率均值	后缀构词使用频率排序	后缀构词使用频率等级
96	-ace=与……相关的事物[F],3+1=4	4	98	terrace	1751	2930	2341	96	3级
97	-itis=炎症[GK],0+6=6	6	86	arthritis	444	3098	1771	97	2级
98	-let=小的……[L],4+2=6	6	89	hamlet	758	2714	1736	98	2级
99	-ia=表示……症,……病[GK],4+9=13	13	64	nostalgia	475	2745	1610	99	2级
100	-some=tending to,causing[OE],3+5=8	8	82	troublesome	416	1657	1037	100	2级
101	-itious=有……性质的,属于……,具有……的[L],3+3=6	6	85	nutritious	154	1291	723	101	1级

第十一章　《英语专业四、八级词汇表》收录单词所含的前缀汇总表

说明:构词在100个及以上的,其能产性定为5级,构词在99-40个,为4级,39-8个的为3级,7-5个的为2级,4个构词及以下为1级。

序号	构词数	前缀	同义前缀、变体、反义前缀	能产性等级
1	482	*in-(il-,im-,ir-,i-)=in,on,not,against, to, intensive[L], 287+195=482	in-在: 辅音字母l之前变为il-; 辅音字母b,m, p 之前变为im-; 辅音字母r 之前变为ir-; 辅音字母g 之前变为i-	5级

2	392	* com-(con-,co-,col-,cor-,coun-)=together, 298+94=392
		con-=com=together,intensive, completely, with[L], 155+56=211;
		com-=together[L], 107+21=128;
		co-=com-=together[L], 11+8=19;
		col-=com-=together[L], 14+3=17;
		cor-=com-=together[L],7+5=12;
		coun-=com-=together[L],4+1=5
			(1) 前缀com-受词根的辅音字母的影响,出现了辅音字母同化的变形现象,具体如下。
			com-在:辅音字母l前面变成col-; 辅音字母r 前面变成cor-; 辅音字母c, f, g 前面变成con-;在元音字母a, e, i, o, u; 辅音字母h, g, v 之前变成co-;加元音字母u变成coun-
			(2) 以前缀com-开头的单词大多与介词with一起使用
			(3) 同义前缀: sym-=sym-=sy-=syl-[GK]
				5级

续表

序号	构词数	前缀	同义前缀、变体、反义前缀	能产性等级
3	386	*re-=again,against,back[L], 259+127=386	re-的变体：在元音字母前面变为red-,r-,如*redemption,*redundant,*redolent,*rapport,*rapprochement,*rambler;在辅音字母d前面变为ren-,如render	5级
4	296	*ad-(ac-,as-,af-,ag-,al-,an-,ap-,ar-,at-)=to,from[L],213+83=296 ad-=to,from[L],60+22=82; ac-=ad-=to[L],37+15=52; as-=ad-=to[L],24+13=37; af-=ad-=to[L],11+6=17; ag-=ad-=to[L],4+3=7; al-=ad-=to [L],11+6=17; an-=ad-=to[L],7+1=8; ap-=ad-=to[L],36+13=49; ar-=ad-=to[L],9+2=11; at-=ad-=to[L],14+2=16	前缀ad-会受一些辅音字母的影响，出现辅音字母同化或脱落现象，具体如下：ad-在：在发k音的辅音字母c,q之前变成ac-;在发s音的辅音字母c,s之前变成as-;在辅音字母f,g,l,n,p,r,t之前变成af-,ag-,al-,an-,ap-,ar-,at-	5级
5	275	*ex-(e-,ef-,ec-,es-)=out,intensive,thoroughly[L],177+98=275 ex-=out ,96+50=146; e-=ex-=out[L],69+33=102; ef-=ex-=out[L],7+8=15; ec-=ex-=out[L],2+6=8; es-=ex-=out[L],3+1=4	前缀ex-会出现辅音字母脱落或辅音字母被同化的变形现象，具体如下：ex-在辅音字母b,d,g,j,l,m,n,r v之前变成e-;辅音字母f之前变成ef-;辅音字母c,l,s,t,z之前变成ec-;辅音字母c之前变成es-	5级

续表

序号	构词数	前缀	同义前缀、变体、反义前缀	能产性等级
6	236	*de-=down,from,away,off, without[L], 152+84=236	（1）de-还有thoroughly,completely,intensive,reverse the action of,without等意思 （2）以前缀de-开头的单词大多与介词from一起使用 （3）同义前缀:cata-,hypo-[GK],sub-[L]这些均有"down,under"的意思	5级
7	202	*dis-=dif-=di-=apart,away,not,undo, lack of[L], 146+56=202	（1）以前缀dis-开头的词大多与介词from一起使用 （2）前缀dis-会受后面词根的辅音字母的影响，出现辅音字母脱落或辅音字母被同化的变形现象，具体如下：dis-在辅音字母f之前变成dif-;辅音字母g,l,m,r,v之前变成di-	5级
8	126	*un-=not,lack of,reverse of[E], 74+52=126		5级
9	126	en-=em-=in,on,cause to be, make,not,intensive[F], 81+45=126	前缀en-在辅音字母b,m,p之前变成em-	5级
10	105	*pro-=forward,before,in favor of,in place of[L], 80+25=105	pro-在：辅音字母c,p,s,前变成pur-,如purport;辅音字母f前变成por-,如portrait;在元音字母前变成prod-；prodigal, prodigy;在元音字母o前脱落变成pr-，如*imprudent	5级
11	97	a-=in, on, at, to,no, away[OE], 54+43=97 a-=to, 34+18=52 a-=on, 11+11=22 a-=no, 3+7=10 a-=away, 4+3=7 a-=in, 2+1=3 a-=at, 3+0=3		4级

续表

序号	构词数	前缀	同义前缀、变体、反义前缀	能产性等级
12	93	*sub-=suf-=sug-=sum-=sup-=sur-=sus-=su-=under,incompletely,further[L], 64+29=93		4级
13	77	*pre-=before,beforehand, in front[L], 55+21=76	（1）同义前缀：ante-[L], fore-[OE]　（2）反义前缀：post-, retro-, re-[L]	4级
14	70	*ob-(oc-,of-,op-,os-,o-)=to,against,over,intensive,in front of[L], 52+18=70	（1）ob-在：辅音字母c之前变成oc-;辅音字母f之前变成of-;辅音字母p之前变成op-;辅音字母t之前变成os-，如ostensibly;辅音字母m之前变成o-,omission	4级
15	60	*inter-=enter-=between[L], 45+15=60	（2）同义前缀：anti-, contra-=contro-=counter-[L]　inter-在：辅音字母l之前变为intel-;enter-/emtr-用于法语系统	4级
16	49	per-=through,thoroughly,falsely, to destruct[L], 28+21=49	per-在辅音字母d,s或元音字母a之前变成par-，如pardon	4级
17	43	super-(supr-, sur-, sopr-,sov-)=over,above,beyond[L], 33+10=43		4级
18	41	be-=by,completely,to make[OE], 27+14=41		4级
19	40	*trans-=tran-=tra-=across,over, beyond[L], 24+16=40	trans-在：辅音字母q,s之前变成tran-,如transi-,如tranquility, transitor; 辅音字母dj,v和元音字母之前变成tra-, 如traverse	4级

续表

序号	构词数	前缀	同义前缀、变体、反义前缀	能产性等级
20	32	syn-(sym-,sy-, syl-)=together,with[GK], 23+9=32	syn-在：辅音字母b,m,p之前变成sym-、如symbol；辅音字母l之前变成syl-,如syllable;辅音字母s,z之前变成sy-,如system	3级
21	31	fore-=front,before, beforehand[OE], 16+15=31		3级
22	31	ab-=away,from, to [L], 19+12=31		3级
23	26	se-=sed-=away,apart,aside[L], 15+11=26	同义前缀：apo-[GK], dis-, de-, se-[L]	3级
24	21	para-=par-=pa-=against, beside,beyond,contrary[GK], 8+13=21		3级
25	20	*mis-=bad,wrong[OF], 10+10=20		3级
26	17	contra-=contro-=counter-=against[L], 11+6=17		3级
27	15	mal-=badly[L], 7+8=15	（1）mal-在：辅音字母g,s之前变成mali-,如malignant（2）反义前缀：bene-=beni-, bon-[L]	3级
28	14	*mono-=alone[GK], 9+5=14	在元音字母之前，mono-中的o脱落变成mon-、如monarch	3级
29	13	dia-=through,thoroughly,across,between[GK], 7+6=13	在元音字母之前，dia-中的a脱落变成di-	3级

续表

序号	构词数	前缀	同义前缀、变体、反义前缀	能产性等级
30	13	anti-=ant-=against,opposite, before[GK], 9+4=13	anti-在元音字母和辅音字母h之前变成ant-	3级
31	11	an-=without[GK], 2+9=11	同义前缀：dis-, in-,un-[E]	3级
32	11	cata-=down,completely[GK], 7+4=11		3级
33	10	di-=two,twice,completely[GK], 7+3=10	di-作为dis-的变体有apart的意思，作为dia-的变体有through之意	3级
34	9	*epi-=upon,among,after, in addition[GK], 4+5=9	epi-在元音字母、辅音字母h之前，i脱落变成了ep-	3级
35	8	ambi-=amb-=around,both[L], 6+2=8	ambi-在元音字母之前i脱落变成了amb-	3级
36	8	extra-=beyond,outside[L], 5+3=8		3级
37	8	micro-=small[GK], 7+1=8		3级
38	8	tele-=far off[GK], 8+0=8		3级
39	8	tri-=three[L], 5+3=8		3级
40	8	ana-=back,up,again, throughout,intensive [GK], 6+2=8		3级

续表

序号	构词数	前缀	同义前缀、变体、反义前缀	能产性等级
41	7	bene-=beni-=well[L], 2+5=7		2级
42	7	for-=outside,beyond,away,completely[OE], 4+3=7		2级
43	6	meta-=above,among,beyond[GK], 2+4=6	meta-在元音字母和辅音字母h之前，a脱落变成了met-	2级
44	6	bi-=two[L], 3+3=6		2级
45	5	apo-=away[GK], 4+1=5		2级
46	5	intro-=inward[L], 3+2=5		2级
47	5	multi-=many[L], 4+1=5		2级
48	5	peri-=around,near[GK], 3+2=5		2级
49	4	abs-=away[L], 1+3=4		1级
50	4	circum-=round[L], 2+2=4	同义前缀：ambi-[L], peri-[GK]	1级
51	4	infra-=below[L], 1+3=4		1级
52	4	pan-=all[GK], 1+3=4		1级

续表

序号	构词数	前缀	同义前缀、变体、反义前缀	能产性等级
53	4	proto-=first,primary[GK], 2+2=4	在元音字母之前，字母o脱落	1级
54	4	twi-=two[PIE], 4+0=4		1级
55	4	ultra-=ulter-= beyond,over,across[L], 1+3=4		1级
total	3592			

参考文献

[1] 费致德.浅谈英语同义词和同义词词典 [J].解放军外国语学院学报 ,1980,4：12–17.

[2] 葛本仪.现代汉语词汇学 [M].济南：山东人民出版社 ,2001.

[3] 桂诗春.新编心理语言学 [M].上海：上海外语教育出版社，2000.

[4] 兰天.英语词源手册 [M].大连：东北财经大学出版社，2000.

[5] 李平武.英语词缀与英语派生词 [M].北京：外语教学与研究出版社，2002.

[6] 刘绍龙.英语词汇知识的维度发展与习得特征 [J].解放军外国语学院学报，2002，2：66–69.

[7] 马广惠.英语词汇教学与研究 [M].北京：外语教学与研究出版社，2016.

[8] 钱晶晶.中国英语学习者词缀习得的实证研究 [J].外语与外语教学，2011，2：48–51.

[9] 文秋芳，等.认知语言学与二语教学 [M].北京：外语教学与研究出版社，2013.

[10] 姚鸿琨.词汇语用学之阻遏现象新探 [D].福州：福建师范大学，2011.

[11] 姚鸿琨.高年级英语专业学生前缀习得顺序实证研究 [J].莆田学院学报，2008，6：56–61.

[12] 姚鸿琨.基于语料库的英语词根词缀习得问题研究——词根篇 [M].武汉：武汉大学出版社，2021.

[13]ARONOFF M. Word–formation in Generative Grammar[M]. Cambridge, Mass: The MIT Press, 1976.

[14]BAUER L, P NATION. Word family [J]. International Journal of Lexicography, 19936（4）：253–279.

[15]CLARK E V. The principle of contrast：A constraint on language acquisition [A]. In Brian MacWhinney（eds）. Mechanisms of Language Acquisition [C]. London：Lawrence Erlbaum Associates Inc., Publisher, 1987：1–33.

[16]CRUSE D A. Lexical Semantics [M]. Beijing : World Publishing Corporation, 2009.

[17]KIPARSKY P. From cyclic phonology to lexical phonology [A]. In H. van der Hulst & Norval Smith (eds). The Structure of Phonological Representations [C]. Foris: Dordrecht, 1982: 131–175.

[18]LAUFER B. What's in a word that makes it hard or easy ? [A] In N. Schmitt & M.McCarthy（eds）.Vocabulary : Description, Acquisition and Pedagogy[C]. Shanghai : Shanghai Foreign Languages Education Press，2002 : 140–155.

[19]MARLE J. Van. On the Paradigmatic Dimension of Morphological Creativity [M]. Dordrecht: Foris, 1985.

[20]PLAG I. Productivity [A]. In Encyclopedia of Language and Linguistics [C]. Shanghai: Shanghai Foreign Language Teaching Press, 2008(vol. 10): 121–128.

[21]RAINER F. Towards a theory of blocking [A]. In G. Booij and J. van Marle（eds）. Yearbook of Morphology [C]. London: Kluwer, 1988: 155–185.

[22]SCHMITT N P. MEARA. Researching vocabulary through a word knowledge framework—Word associations and verbal suffixes [J]. Studies in Second Language Acquisition,1997(19) : 17–36.

[23]TYLER A, NAGY W. The acquisition of English derivational morphology [J]. Journal of Memory and Language, 1989(28) : 649–667.